WAC BUNKO

日本株の歴史的大相場が始まった！

株価は年内5万円も、10年で10万円へ！

武者陵司

JN120808

ΛC

はじめに

日経平均が史上最高値を更新し、新しい時代が始まるという予感が高まってきました。九州熊本を先頭にした半導体投資ブーム、過去最高の伸びを続ける設備投資、インバウンドの急増、30年ぶりの高い賃上げ率と深刻化する人手不足、マンションの価格上昇、日銀による異次元金融緩和政策の解除、などの過去30年間には見られなかった変化が相次いで起きています。日本が円高デフレで苦しんだ長期停滞からやっと抜け出し、新たな好循環に入りつつあることは、今やすべての国民の前に明らかになっているのではないでしょうか。

こうなることは10年前、アベノミクスが始まった時から私には見えていたことでした。2009年の『日本株大復活』(PHP研究所)以降、ほぼ毎年のように本を上梓しましたが、そのすべては悲観論との闘い、日本株式の長期上昇を訴えたものでした。当時の時流からあまりにも先を行っていたので、メディアからは無視され続け、本もあまり売れませんでしたが、楽観論の正しさを墨守する種火だけは、絶やさず燃やし続けて来られたのではないかと自負しています。

　2013年4月に発売した『日本株「100年に1度」の波が来た!』（中経出版）では「日経平均4万円のシナリオに5つの根拠がある」として、①日本株は極端に割安である、②アベノミクスが長期円高不況を終わらせる、③アメリカは対中封じ込め政策に転換し、日本経済復活のため円安をサポートする、④アメリカ経済の本格拡大により世界経済の回復基調続く、⑤日本の品質とコスト競争力の強さが顕在化する、と主張しました。

　あと一つ主張し続けたことは、米中対立により日本の運命が変わるということです。2011年『「失われた20年」の終わり～地政学で診る日本経済』、2017年『結局、勝ち続けるアメリカ経済　一人負けする中国経済』、で米中の覇権争いが始まり、日本の加勢を必須とするアメリカが手の平を返したように日本を優遇し、円安をサポートするということです。そうした主張は日の出の勢いにある中国ブームの中では、反中に凝り固まった右翼の言論のように思われたことでしょう。

　今から30年前の1993年『アメリカ　蘇生する資本主義』を著しました。米国経済が復活し、バブル経済に酔いしれている日本は困難に陥るというものです。それはニューヨークダウ3000ドル台、日経平均2万円前後の時でした。

このように自分の過去の実績を言い立てるのは気恥ずかしくもありますが、そこに将来を正しく予見できるヒントがあると考え、あえて披瀝《ひれき》しました。

世の中の専門家や多くの知恵者の予想がなかなか当たらないのは、当てるための段取りを踏んでいないからです。予測するために必要なことは、なぜこうなったのかの原因を探る謎解きです。何が理由でこうなったのかという因果関連が分かれば、今こういう原因があるから将来こうなるという事も予想できます。現在は過去の結果ですが、現在が原因となって将来が形作られるのです。この流れの中ですべてを考えれば、将来予想の的中度は大きく高まるはずです。


検証をしているうちに、だいぶ前から経済学の理論だけでは把握できない現象に気づきました。それが、地政学が経済に与える影響です。日本が戦後大復活したのも、「Japan as Number 1」の座から転落したのも、このところの円安も、はたまた日経平均株価が史上最高値を更新し4万円を超えたのも、すべてこの「地政学」が影響しています。具体的にいうと、米中対立に直面して、アメリカが日本を〝強い味方〟にするという戦略を明確化させたからです。「地政学」というのは、長い歴史に裏付けされた人間と国家の思惑の解析です。古今東西、政治のメカニズムと経済のダイナミズムとは切っても切り離せない関係です。地政学が原因となって新しい経済のパラダイムが作られていくのです。そうしたパラダイム変転の際には、安定している仕組みの中に反対物が生まれ不安定化し、この対立物が統一される（止揚される）ことで新たな枠組ができるという、弁証法の考え方が不可欠です。

将来を作る種は細部に宿ります。変化は大局からではなく、個別具体的事柄から起こり始めます。マクロだけを見ていては変化を見落とすことになります。一番大事な細部は企業における価値創造です。企業が価値を作れなければ、給料も払えず投資もできず、経済は前に進みません。経済が興隆するときも衰弱するときも、まず企業の価値創造が健全かどうかが決め手になります。

また私たちは歴史上の最も偉大な選手、超一流の投手であり超一流の打者を兼ね備えた大谷選手を目の当たりにしていますが、これほどの偉大な人物がなぜ日本に生まれたのかも、有益な洞察です。体力、素材としてはもっと恵まれている人がいるはずのアメリカではなくなぜ日本に？　金銭にも世間の評判や名声にも目もくれず、ひたすら野球という職業の完遂を求める精神は、日本がもたらしたものと思われてなりません。そして大谷選手と同様のメンタリティをもった日本人の若き職業人は沢山います。今は日本の研究費が削減され研究開発で米国や中国の後塵を拝していても、日本人の職業倫理、エートス（生活態度）が世界一級であることは、誰しも認めるところです。鉄道時間の正確さ然り、落とし物を警察に届ける律義さ然り、チーム優先で我を抑える謙譲の精神然り、この精神があるからこそ歴史的バブル崩壊と異常に長い経済停滞の下でも、日本企業は地道なビジネスモデル転換をなしえたのだと思います。

以上のような筆者独自のチェックポイントによって検証し、仮説を構築すれば、日本の将来がとてつもなく明るいものになることは明らかです。過去10年ほど、日本の将来は一番楽観的な方が考えるよりももっと明るい、と言い続けてきました。

本書をお読み頂ければ、今私たちが実感している望ましい変化は、日本と言う国が大きく生まれ変わる予兆であるのだ、ということをご理解いただけるはずです。日経平均株価は4万円になった今でも超割安で、年内5万円もあり得ますし、早ければ5年、遅くとも10年後には10万円になることを私は疑っていません。

さてそのような明るい将来が待っていることをご同意いただいたとして、読者の皆様はどのように行動するべきでしょうか。当座に必要としない資金のかなりを株式に振り向けるべきでしょう。日本株のインデックス投資を続けることで10年の間に財産を何倍かに増やすことができるでしょう。

他方で外れ続けている悲観に与《くみ》して安易な預金で資産を運用すれば、5年経っても10年経っても1は1のままです。極端な財産形成の差が生まれるのです。株式投資で運命が分かれる、と言うことは決して誇張ではありません。

この輝かしい時代において皆様が投資に大きな成果を収め、人生を切り開くことを願っています。

2024年皐月

武者陵司

日本株の歴史的大相場が始まった！

目次

第2章 地政学的大転換をどう読むか

着々と進む中国デカップリング
安全な半導体拠点は日本しかない
円高がもたらした「失われた30年」
いまの円安も米中対立がもたらした
円安の原因は「日米金利差」だけではない
「もしトラ」で世界経済はどうなる？
アメリカの分断には別の要因がある
GAFAM規制がもたらすもの
リンカーン「奴隷解放」の真の目的とは
トランプは絶対に覇権を手放さない！
アメリカ経済はなぜ強いのか
いまのアメリカは「よい金利上昇」局面にある

第3章 中国の破綻、ドイツの衰弱が始まった！

EV車、脱炭素戦略の行方
韓国・台湾に未来はあるか?

第4章 半導体が牽引する強い日本経済

日本の半導体は〝オワコン〟ではなかった
経済合理性だけでは測れない半導体ブーム
「半導体戦争」の真実とは
半導体が起こす産業連鎖
円安で世界の需要が日本に集まる
「失われた30年」があったから日本は再生できた
日本には「オンリーワン」があふれている
劇的に〝ムダ〟をなくした日本のシステム
外国人投資家は日本の企業経営を評価している
これからの半導体は立体化が主流

第5章 この大相場を資産作りに活用しよう

「イールドスプレッド」を観測しよう
米国型株式資本主義の時代が来る
資産運用で運命が変わる
いま明るいのは日本のマーケットだけ
4万円はポイント・オブ・ノーリターン
本格的賃金上昇時代が始まる
日銀の金融政策転換はどうなる?
日本の財政赤字は心配ご無用!
まずは「インデックス投資」から始めよう
預金を下ろし、銀行株を買おう
金投資はおすすめできない

装幀/須川貴弘(WAC装幀室)
DTP/有限会社メディアネット
編集協力/未来工房(竹石健)

第1章

ついに！　日経平均株価4万円狂想曲

史上最高値は新しい日本のスタート

日経平均株価が34年ぶりに4万円を超え、史上最高値をつけました。

おそらくいま、日本は歴史的な転換点にさしかかっています。「失われた30年」の苦しい時代が終わって、これから花開く時代が来る。「新しい日本」の始まりを、この株価は如実に示しているのです。

株価は常に一番早い先行指標です。その株価が史上最高値を超えたことの意味は、今後、日本経済、そして日本の市場が新しい時代に向かって走り始めるということで、〝いまが始まり〟だと思います。

2012年12月16日に安倍内閣が成立しアベノミクスへの政策転換が決まったとき、日経平均株価は9827円でした。それが約4万円、約4倍になっています。ではこの先、どこまでいくのでしょうか。

4万5000円くらいはすぐに突破し、年内に5万円、そして遅くても10年後、早ければ5年後くらいに日経平均が10万円になる……それだけのダイナミズムがいまの日本のマーケットにはある、私はそう確信しています。

私は、10年以上前から「日本株は割安なので必ず上がる」と言い続けてきました。しかし上がりはしたけれども、今まで市場は、いたって冷静沈着でした。

それはなぜかというと、まだ条件が整っていなかったからです。株価が上昇する条件には「必要条件」と「十分条件」がありますが、必要条件は私の主張通り10年前からあったと思います。それは日本企業の収益力が実力以上に過小評価されていて、それが株式の「割安」につながっていたから。つまり、必要条件は揃っていたのに、十分条件が備わっていなかったのです。

でもここで十分条件が揃ってきた。それは「米中対立」です。アメリカが中国を脅威とみなして、その力を削《そ》ぐために政治的、軍事的な包囲網を形成しようとしている。米中対立が日本経済や日本企業の業績を押し上げる姿が見えてきたのです。

次ページの図表1をごらんください。1900年から現在までの日経平均株価の推移です。日本の株価と日本経済の繁栄と挫折を決めてきたものは世界の覇権国と日本の関係性、つまり国際政治における地政学的要因であると言っていいと思います。

明治、大正時代、世界の覇権国はイギリスです。日英同盟で日本は世界最強のイギリス

図表1　近代日本の興亡と地政学レジーム

1870➡1930 驚異の離陸……………明治維新体下、日英同盟(1902～1923)
1930➡1945 大破局…………………敗戦
1950➡1990 奇跡の復興と成長……日米安保体制　①防共の砦
1990➡2010 長期停滞………………日米安保体制　②安保瓶のふた
2010年代　…………………………日米同盟再構築　③中国封じ込め

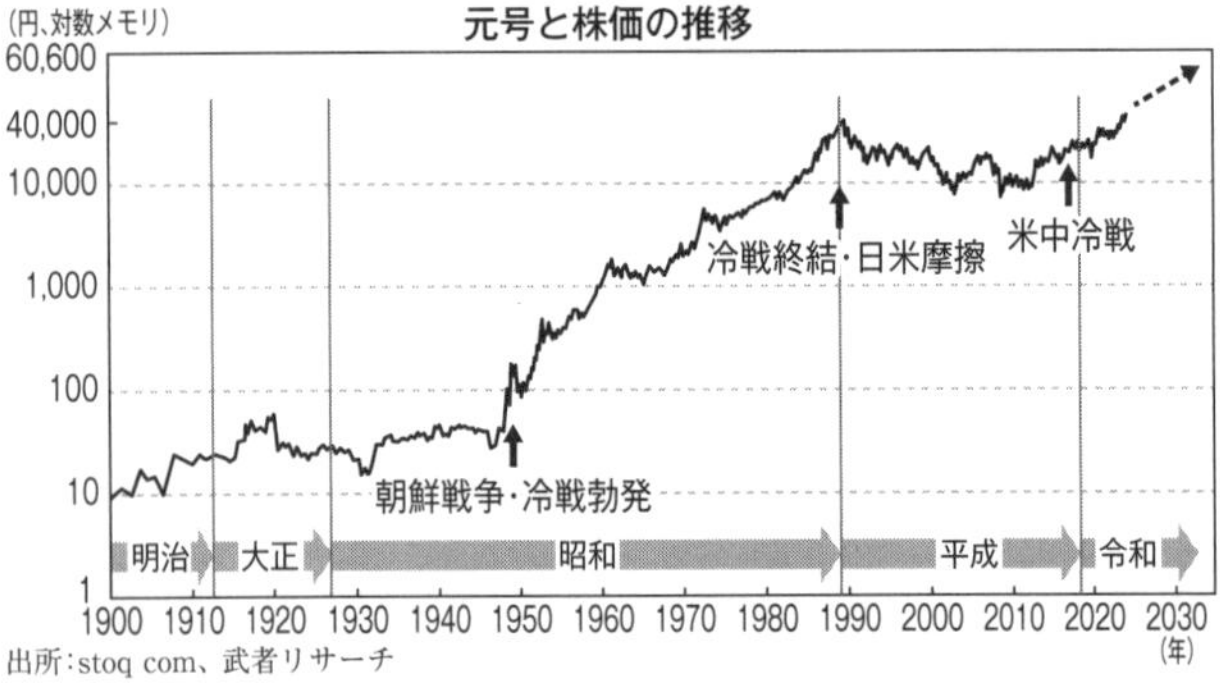

出所：stoq com、武者リサーチ

の唯一の同盟国になりました。栄光ある孤立政策により、どことも同盟していなかったイギリスが、唯一の同盟国として日本を選んだのです。アジアの島国日本が世界でプラチナステイタスを獲得しました。それが背景にあって日露戦争にも勝ち、繁栄につながったのがこの時代でした。

結局、日本はイギリスとアメリカを敵に回して大敗北を喫したのですが、敗戦後の冷戦勃発が日本を救いました。

１９４５年、戦争に負けて驚異的なインフレと、その後のデフレでニッチもサッチもいかなかった日本が突如として息を吹き返し、その後の大成長に入ったのが、１９５０年、朝鮮戦争勃発のときです。これによる「特需」

で日本は息を吹き返し、日経平均株価は１００円弱から４００円まで4倍になりました。その後は、世界の産業王国としての繁栄が１９９０年まで続きます。

日本が一番近代で華々しく発展したのは１９５０年の朝鮮戦争から90年の冷戦終結までなのです。その40年間で、日経平均は４００倍に上昇しました。４００倍ですよ！

この日本の繁栄を支えたのも「地政学」です。東西冷戦下、日本は「アジアにおける自由主義の砦」という立場にあり、アメリカが様々にサポートしてくれ、技術の提供も受け、アメリカ国内市場を開放してくれたおかげで、もともと産業基盤や労働力のレベルが高かった日本は、大繁栄期を迎えたのです。

ところが日本人は大きな誤解をしていて、「繁栄は日本人の能力と努力の賜物」と考えました。確かにその側面があったことは否定しませんが、その後の「日本叩き」の結果、「失われた30年」の間、株価も経済成長もできなかったことを振り返ると、日本人の努力、能力以上に外部環境、つまり冷戦下でのアメリカの思惑が日本の大繁栄をもたらしたと言ってよいと思います。

冷戦が終了し、日米摩擦もあって「日本叩き」が始まり、日本は「失われた30年」の時代に突入、輝きを失った「元経済大国」に落ち込んでしまいました。

日本株の歴史的大相場が始まった

その日本が大きく転換をし始めたきっかけが米中対立です。アメリカが中国を脅威であると認識をして、中国との戦いに備える、その最重要のパートナーが日本なのです。

アメリカにとって日本は世界一大切な同盟国です。米ソ冷戦時代は対ソ戦略において欧州のNATOがアメリカの最重要の同盟国でした。しかし対中冷戦においては中国の太平洋側にフタのように存在している日本が最も重要です。また日本の産業力は中国依存のサプライチェーンを変革するためには必須です。万が一、日本が中国陣営に与したら、アメリカの覇権は終わるのです。

米中対立が日本にもたらす一連の変化はとても重要で、ちょうどいまから70年前の朝鮮戦争で日本が大きく変わったような、そういう変化の入り口にいる可能性があるのだと思います。

米中対立は、戦後の大繁栄と同じような地政学的環境を日本に与えてくれるということです。

これからの日本が経済的にとても明るい時代に入っていくことを、日経平均史上最高値が示しているのです。

日経平均は２０２３年１月を１００として見た場合、５割高になっていて、これは世界最高のパフォーマンスです。反対に中国は1割ほど下落していて、世界最低です。つまり、日本の株式が多くの人々の常識から大きく外れて、世界のベストパフォーマーになっているのです。

円の急落は「実力より強い時代が続いた」から

もう一つ、日本経済の強さを解説するには、「円」相場の話をしなければなりません。多くの人は、この1年間の円の急落に驚いたはずです。

次ページの図表2を見てください。うすい実線は「円ドルの為替レート」、濃い実線は「購買力平価」（企業物価ベース）で、これは円の実力と見ていいと思います。

１９８０年代の半ばから２０１０年ぐらいまで、このほぼ30年間は、円は購買力平価より高い円高の時代、つまり日本の円が実力よりも異常に強い時代が30年にわたり続いたの

図表2　購買力平価とドル円レートの推移
――内外価格差と逆内外価格差――

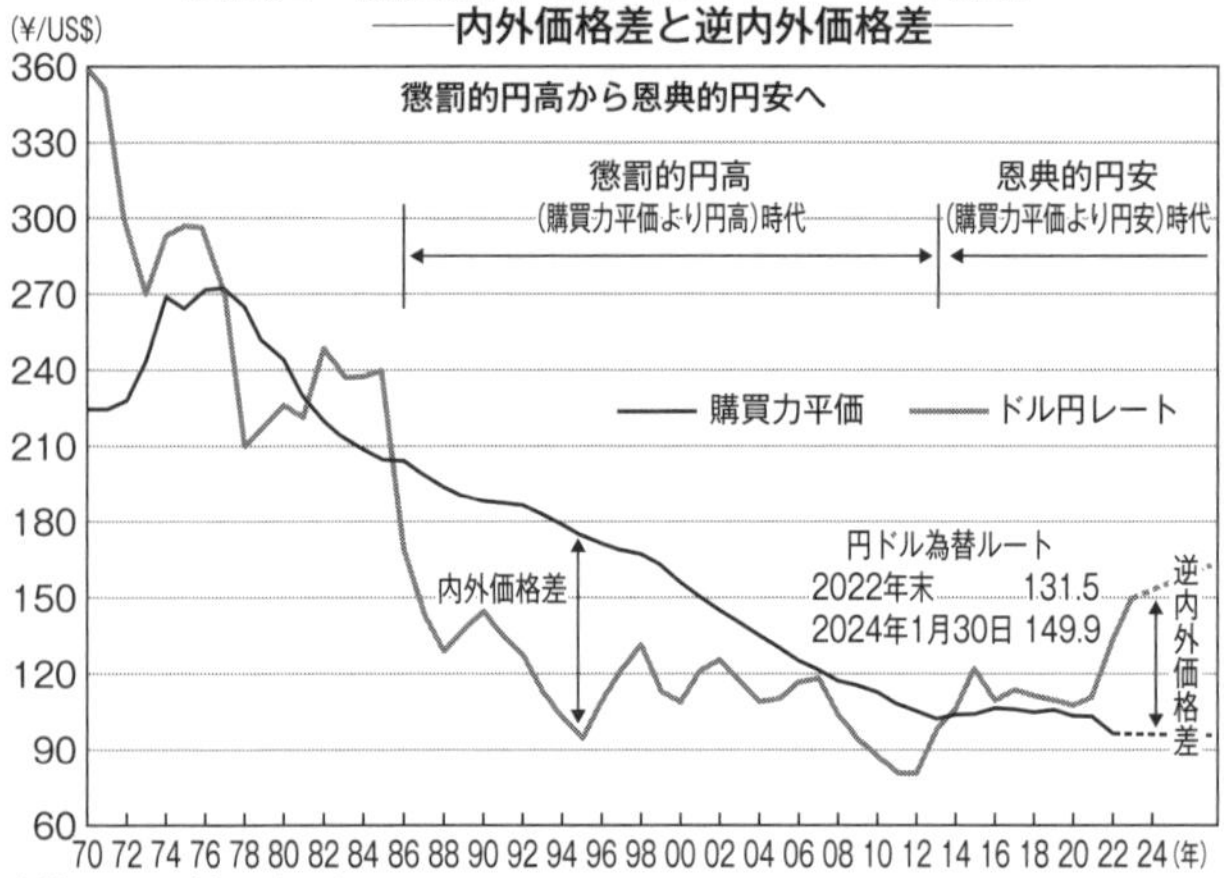

出所：OECD、武者リサーチ

です。購買力平価から見て円が強いのが当たり前だというのが、これまでの市場関係者やエコノミストの常識でした。

ところが、２０２２年の春先から円が急落して、本来の通貨の実力よりも著しく弱くなった。購買力平価は、23年の96円に対して、直近では１ドル１５４円ということですから、実力の４割、５割安です。つまり、これまで異常に高い通貨だった日本円が、突如として極端に安い通貨になってしまったのです。そのおかげで、日本は世界で一番物価が安い国になって、その日本の物価レベルたるや、先進国どころか新興国よりも低いというような状態になっています。

この日本の通貨変動は異常です。なぜ世界

の中で唯一日本だけが極端な通貨高と通貨安という大きな振幅を続けたのか。

それを紐解く手がかりはどこにあるのか、それは経済の教科書にはなく、歴史にしかないと、私は考えています。そこで歴史を振り返って、そこから現在の情勢をもう一度解き明かしてみたいと思います。

１９７１年のニクソン・ショックが出発点だった

歴史という点で、日本の繁栄の原点となったのは１９５０年からの朝鮮戦争だと述べました。そしてもう一つの起点は、１９７１年という年にあります。

戦後の世界体制には二つのフレームワークがありました。一つは国連体制で、国連が世界の秩序を守るという枠組み。それを構成する世界の警察官の役割、つまり安全保障理事会常任理事国はアメリカ、フランス、イギリス、ソ連、そして中華民国、いまの台湾でした。あと一つの枠組みはブレトンウッズ体制といわれる通貨体制です。ニクソン大統領はこの２つの体制を根本から変えたのです。

まず71年に起こった一つ目のニクションションショックが、米中国交回復です。ニクソン大統領は台湾（中華民国）を国連から追い出して、共産主義国家・中華人民共和国を国連の担い手として招き入れた。国交回復自体はもう少し後のことですが、71年に当時の大統領補佐官であったキシンジャー氏が秘密裏に中国に飛んで米中国交回復という基本路線が決まった。これが1971年です。したがって、71年までは台湾、71年以降は共産中国が世界の秩序維持の担い手に加わったという意味で、71年は大きな転換の年になりました。

しかしこれは、歴史を振り返ると完全にアメリカの政策の失敗です。もともと中国に経済発展が可能な土台などなかったのです。技術はなく人材レベルも低く、市場はないし資本もない。しかしアメリカは、米ソ対立という状況を受けて、そんな中国に技術を教え、海外企業が現地生産し、輸出する製造拠点を作ってあげたわけです。最初は輸出の関税も免除され、安い労働力を使えるので、海外企業は喜んで中国に工場を移転しました。

しかしそのうちに、技術が中国に取り込まれるようになってしまいました。アメリカは安い製品が中国から入ってくるというメリットもありましたが、大局的な損失に気づくのが遅すぎたのです。

結果として、中国はいまではやりたい放題、南シナ海の島まで埋め立てて、公海を自分の領土だと言い張るまでに増長してしまっています。

でも、いまからでも十分に間に合います。中国が台湾を併合できない限り、中国は衰弱の一途をたどるだけです。だからこそ、中国は虎視眈々と台湾を狙っています。中国が衰弱する前に起死回生を狙って台湾に手出しをしてアメリカの覇権に挑戦する可能性、それが世界に緊張をもたらしています。

あるいは覇権を奪わなくとも、アメリカとの東西冷戦状態まで持っていければ、中国は一つの経済圏の盟主になることが可能です。アメリカが世界の基軸通貨を武器に覇権を握ったように、人民元経済圏をつくって有利にことを運ぶことができます。

それが、ジリ貧の中国には起死回生の手段で、習近平はそれを狙っていると思われます。経済的に窮地に陥って国内の不満が爆発しそうになると、軍事的冒険主義に走って、国民の目を外に反《そ》らすというのは、過去、多くの為政者がとってきた道です。

いま中国は「一つの中国」を標榜しています。それは奪われた領土の奪回という大義名分もありますが、同時に、台湾領有を通して米国覇権を奪い、国内の経済の困難を突破する、という野望もあるのです。もし台湾を手に入れれば、習近平にとっては一石二鳥になります。

金本位制の終焉でアメリカに積み上がった巨額債務

もう一つ、ニクソンが行った大きな政策転換は通貨体制の変更です。戦後すぐから71年までの世界の通貨体制は、基本的に金本位のもとにありました。とはいえ、実際に金をやり取りするのは煩雑だし、実務的に困難なので、金の〝代理人〟としてドルが使われました。このＩＭＦを番人とする、いわゆる「ブレトン・ウッズ体制」がこの26年間の国際通貨体制だったのです。

なぜドルが代理人になったかというと、ドルだけは金との交換が維持されていて、いつでも金に変えてもらえる「兌換紙幣」としての特別なステータスがあったからです。

しかし71年8月、ニクソン大統領はドルと金の交換を停止しました。この結果、ドルも他の国と通貨と同じように、金と交換できない、ただの紙切れになってしまいました。

それにより世界の為替レートは金とドルにひもづけられた固定相場から変動相場に移行しました。

世界の多くのエコノミストやメディアは「紙切れに成り下がったドルは大暴落するだろ

う」と予想しました。しかし、ドルは暴落しませんでした。それどころか、大きな経済変化を引き起こしたのです。

というのは、金との交換が不要になったことによって、アメリカは輪転機を回しまくってドル紙幣を大量に印刷し、世界中にドルをばらまくことが可能になったのです。金の裏付けが必要なら、金の保有量以上のドル紙幣の印刷は不可能ですが、金との交換が不要になったので、いくらでも輪転機を回しまくってお札を刷ることができます。

その結果、何が起こったかというと、アメリカに巨額の債務が積み上がったのです。アメリカの膨大な赤字に対する最初の黒字国は日本でした。1980年代から90年代まで、日本は世界最大の貿易黒字国で、この日本の黒字をアメリカは激しく非難し「日米貿易摩擦」が起こりました。「日本は通貨を割安に設定して輸出を増やし、黒字化してアメリカの産業に被害を与えている」「その結果、米国の雇用を奪っている。けしからん」と、アメリカは激しく日本を攻撃しだしたのです。

結局、日本が譲歩したこと、そして、その後の円高への流れなどで、日本の黒字はだいぶ減ったのですが、それでも肝心のアメリカの赤字は全然減らないどころか、さらに増大したのです。日本に代わってドイツ、そして中国というように、入れ替わり立ち替わり黒字国になった国が出現しましたが、アメリカだけは一貫して赤字国のまま。アメリカの対外債務は積み上がる一方になりました。

1980～2022年の主要国の経常収支累積を見ると、アメリカ以外の国はすべて黒字なのに、アメリカだけマイナスが積み上がっていて、2014年にはマイナス6兆ドルだったものが、23年にはマイナス15兆ドルという膨大な額に上っています。

これが、ニクソンショックで「変動相場制」に移行した結果、53年間に起こったことです。変動相場制というのは通貨における民主的な制度です。誰もが平等なフェアなルールの下で営まれているというのが建前になっています。

どういうことか説明しましょう。赤字国の通貨は安くなるから、相対的に輸入物価が高くなるので、輸入にブレーキがかかります。反対に、黒字国の通貨は強くなります。すると輸出価格が上がって競争力が落ち、輸出しにくくなって黒字が減る……。このように、通貨の変動が主要国の貿易不均衡を自動的に調整するメカニズムがあるため、変動相場はフェアなんだと、我々は思っています。

しかし、このアメリカの現実を見ると、そうとは言い切れないのです。アメリカという国についてだけは、巨額の債務を抱えながらも、ドルが暴落して輸入ができなくなるなどということが一度も起こらなかった。赤字国であるアメリカは黒字国を非難し続けるものの、自国の赤字は意に介さないということが50年にもわたって続いたのです。

ドル垂れ流しによる中国のフランケンシュタイン化

なぜアメリカだけが、こんなに借金ができたのかというと、理由ははっきりしています。実は借金には二通りあります。一つは、我々が通常行う借金のように、返さなければいけないもの。もう一つは、返す必要のない借金。それは通貨です。

我々は紙幣を持っていますが、それは、それを通じて日本銀行にお金を貸しているということを意味します。我々は自分の〝資産〟を日銀に預け、代わりに紙幣を受け取っているのです。

では、我々からお金を借りている日銀は、その借金を返す必要があるかというと、その必要はない。つまり、通貨の発行主体である中央銀行は、たとえ借金であっても、返済の義務がないのです。

世界の〝中央銀行〟であるアメリカも同じことです。世界の本位通貨がアメリカのドルになったことで、アメリカという国だけは借金を返す必要がないという、特別なステータスを獲得した。その体制でこの50年間の世界経済が営まれてきたのです。

この結果、2つの変化が起きました。1つはアジアの大発展です。アメリカがどんどん輸入してくれるものだから、まず日本が対米輸出で大きく浮上しました。そしてアジアのNIES（新興工業経済地域＝韓国、台湾、香港、シンガポール）、最後には中国が大きく飛躍しました。

いまや世界の主要製造業製品の半分近くを中国が抑えています。この異常な経済の強さは、アメリカのドル垂れ流しにより中国からの輸入を拡大させたことによりもたらされたのです。その結果、いま、中国は世界の中でフランケンシュタインのような巨大な専制国家になっています。中国の巨大化は、アメリカのドルの垂れ流しによって実現したということです。

「フランケンシュタイン化」という言葉を使ったのは、ニクソン大統領自身です。ニクソンは中国を世界の舞台に招き入れたけれど、後で「自分は大変なフランケンシュタインを作ってしまったかもしれない」と述懐しています。

翻って見れば、30年くらい前に、このドルの垂れ流しの恩恵を受けたのが日本です。そのおかげで日本は当時世界最強の産業王国になれた。つまりグローバライゼーションやアジアの発展は、このドルの垂れ流しのおかげで実現したということ、アメリカの借金はアジアに大きな恵みをもたらしたということです。

一方、このドルの垂れ流しがアメリカ経済も支えました。海外から安いものがどんどん入ってくるのは、アメリカ経済にとってのメリットです。その結果、アメリカの消費がどんどん増えて、アメリカ人の生活水準が向上しました。アメリカ国内のＧＤＰに対する消費割合が、50年前の60％から68％へと上昇し、消費主導の経済がますます強まることになりました。

こう考えると、アメリカのドルの垂れ流しの仕組みは、世界経済にとってもアメリカ経済にとっては結果オーライだったということが言えます。

でもそれで、本当によかったのか？　ドルの垂れ流しが世界の生産拠点をアメリカ国内から追い出すことにつながり、最終的には中国にまとまり、中国を圧倒的な製造業強国に押し上げてしまった。そして中国は増長し、世界の脅威になった。それをいま、アメリカは痛切に反省しています。

「このままではいけない」と決意したアメリカは、この中国の覇権奪取を絶対許さないと、新たな冷戦を展開している。それが現在の世界情勢です。

米中対立の真因は「アメリカの借金」返済問題

アメリカは、中国が影響力を広げつつある国際秩序の再構築を狙っています。中国やロシアが拒否権を持つ国連はもう当てにならないので、国連に代わる世界秩序の構築を模索しているはずです。G７へのテコ入れなどもその一環です。中国、ロシアという力によって現状を変えようとする「ならず者国家」を抑制すること、それがアメリカにとっての最重要課題になっているのです。

そのためにまず、巨大になった中国と対峙しなければならない。これを放置したらアメリカは世界の覇権争いに負ける。それは、破壊的結末をアメリカにもたらすことになります。

先ほど説明したように、いまの世界はアメリカの巨大な借金と、他の国のアメリカに対する多額の貸し付けによって成り立っています。

先ほど、アメリカが膨大な借金にも平然としていると述べましたが、それは世界の基軸通貨であるドルを発行する権利を持っているからで、それは返済する必要のない借金だからです。金との交換が不要になったことで、アメリカはドル紙幣を大量に印刷し、世界中にドルをばらまくことが可能になったのですが、しかしそれは、アメリカが覇権国であるからこそ可能なのです。人々が通貨を保有するのはいつでも誰にでも自由に譲渡でき、欲しいモノを手に入れることができるからです。しかし通貨の信認が低下し、他人が通貨の受け取りを拒否するようになれば、人々はこぞって通貨をモノに変えようとするでしょう。アメリカが覇権国でなくなれば人々は夢から覚めたようにただの紙にすぎなくなったドルを手放そうとするでしょう。

歴史を振り返れば、「通貨」というのは、覇権者による最も有力な「収奪」の手段であったことが分かります。通貨を作るのにはあまり人手もお金もかかりません。ただ同然の紙幣の交換で、他国から価値のあるものを奪ってくるわけですが、武力で略奪することもない。極めて平和的に富を集めるのに紙幣が使われます。

通貨というのは、権力者である通貨発行者がある果実を獲得するための政策手段だということができます。

では、アメリカが覇権国の立場を失ったらどうなるでしょうか？　基軸通貨の地位を失うと、直ちに巨大な借金を返済しなければならなくなります。でもこの15兆〜16兆ドルという巨額な借金を返せるのでしょうか。おそらく返せないでしょう。

その結果、ドルは大暴落し、アメリカは三等国になり下がるのは間違いありません。そんな状態をアメリカが容認するはずはないのです。

つまりいま米中対立の本質は「覇権」という、〝返さなくていい借金〟ができる特権の奪い合いの構図なのです。これを中国とアメリカのどちらが手にするか、これを考えると、もしもトランプ氏が次期大統領に選出された場合、どういう政策を取るかも推察できるはずです。これについては次章で説明しましょう。

サイバーの世界を独占的に支配、だからアメリカは強い

現在の世界はアメリカからのドルの垂れ流しで潤ってきたと述べましたが、今後もそんなドルの垂れ流しが続くかというと、もはや限界というのがいまの情勢だと思います。

なぜ限界なのか。第一に、アメリカはもう〝お腹いっぱい〟で、これ以上輸入する余地がないという状況にあるからです。71年のニクソンショックまで、アメリカの財（製造業

製品）の輸入依存度は10％でした。つまり、アメリカという国は、何から何まで自国で生産する自給自足の国だったのです。

ところが、ドルの垂れ流しによって日本やアジア、中国から輸入することが定着し、2023年には輸入依存度が80％まで上昇しました。これ以上輸入する余地がないというのがいまのアメリカです。

つまり増え続けていたアメリカの貿易赤字は、これからはもう増えないはずです。

国際的な取り引きには2つあります。一つは目に見える「もの」の取り引き、それが貿易収支で、アメリカはもう、この貿易収支では赤字は増えないと思います。

もう一つは目に見えない取り引き「サービス収支」と「一次所得収支」です。現在のアメリカの対外収支である経常収支は「貿易収支」と「サービス＋一次所得収支」でもたらされています。

現代社会では、後者の「サービス＋一次所得収支」がますます重要になっています。「一次所得収支」はアメリカ国内とアメリカ国外との間の生産要素（労働や資本）などの提供に対する報酬の収支のことです。具体的には外国人労働者に払う報酬や対外金融債権・債務から生まれる利子や配当です。またサービス収支は旅行や運輸を除けば知的資産の利用料、ビジネスサービス、金融など、主にサイバーの世界での取り引きから生まれます。我々がインターネットやスマホなど、様々なサイバーの世界のサービスを受ければ、そこで支払いが発生します。アメリカの場合、そんな形でサイバーの世界から発生する収入が膨大な額になっています。

いまやサイバーの世界はアメリカ企業が独占的に支配しています。そこに持っている膨大な権利や対外資産は、今後のサービス産業の膨張でますます増加し、サービスや一次所得の収入がどんどん増えていくはずです。つまり、貿易赤字が減り、一方で、サイバーや知的所有権による収入、あるいは一次所得の収入が増えることで、アメリカの経常赤字はかなり減少していくものと思われます。

世界は日米二強の時代に入った

するどうなるでしょうか。アメリカのドルの垂れ流しが減少し、一方で世界各国から利益をかき集めるのですから、資金はアメリカに集まり、ドル過剰時代からドル不足の時代に入ってきます。強いドルが、さらに強くなるのです。そこで他の国は、アメリカから借金をしてでもドルを手に入れようとします。つまり、いままでは各国とも容易に入手できたドルが貴重になってますます価値を高めていくのだと思います。

この「強いドル」は、覇権国であるアメリカへのチャレンジを目論む中国やロシアに対して大きなブレーキの役割を果たします。強いドルが、アメリカ主導の世界秩序再構築の大きな武器になるはずです。こうした急激な変化は、少し前までは私も含めて専門家でも予測できないほどのものでした。

しかし、こうした形で歴史と現状分析をすると、少々飛躍しますが、これから将来が保証されている国は二つしかないという結論に達します。

第一は、新産業革命のリーダーであるアメリカです。そして第二は、米中対立という地政学の最大の恩恵を受ける日本です。この両国が、世界の経済をリードするという時代が始まりつつあると、私は考えています。

こうしたことが背景にあるからこそ、日経平均株価が34年ぶりの史上最高値を更新したのです。一言で要約すると、２０２４年以降は日米二人勝ちになりそうです。サイバーの世界はアメリカ、ハードウエア生産は日本ということになって、この二国が世界経済を引っ張っていくことになりそうです。

第2章

地政学的大転換をどう読むか

着々と進む中国デカップリング

私はちょうど2年前、『「安いニッポン」が日本を大復活させる！』（ワック）という本を出して、「円が安くなって日本の時代がやってくる」と予想しました。その言葉通り、いま、日本株が絶好調です。

これまで述べてきたように、国際政治や地政学が経済に大きな影響を与える局面なので、経済常識でモノを見る一般的なエコノミストにはなかなか分析できないところだと思います。しかし、大きな歴史の転換点ではむしろ、「経済学よりは地政学が方向を決める」という認識を持っておくことが重要だと思います。

米中対立という点で考えると、中国を敵視したトランプ政権からバイデン政権になって少しトーンが弱まり、中国に融和的になっているという話があります。だから、前は「デカップリング」（関係切り離し）という言葉を使っていたのに、それは危険だからと、「デリスキング」（リスク軽減）に表現を変えているのだ……と。

しかし私は、そうではないと思っています。アメリカはもはや、「中国はともに天を戴《いただ》くことができない相手で、お互いにどっちかを叩くしかないところまできている」との決意を固めているはずです。

にもかかわらず、なぜここで一歩後退した「デリスキング」という融和的な言葉を持ち出したのか、実はいまはそれをしないと、アメリカ経済が立ち行かないという側面があるからです。

例えば、スマホの世界生産の７割を中国に依存しているとか、アメリカ人が利用するパソコンはすべて中国で生産されているとかいう現状は、万が一、米中が国交を遮断したらアメリカ人の生活経済が成り立たないということにつながります。

したがって、経済を成り立たせながら中国を抑えなければいけないという両面作戦を採用する必要があるわけです。「デリスキング」というのは、こうした両面作戦で中国抑止を続けることに重点を置くという意味で、アメリカ本来の「対中封じ込め」という狙いからは決して離れるものではありません。確かに「少し及び腰」という印象を受けますが、根本のところは少しも変わらないのです。深刻なハイテク製品の対中依存は、何が何でも速やかに解決しなければならない、もう一刻の猶予もないのです。

安全な半導体拠点は日本しかない

世界全体で見ると、ウクライナ戦争や中東状勢の緊迫化など地政学的な混乱がいろんなところで起こっていて、とんでもない時代だという雰囲気ですが、世界の困難が深刻化すればするほど、相対的に日本の明るさが浮かび上がってくるのです。

それはアベノミクスの成果がようやく出てきたという国内要因もありますが、前章で述べたように、地政学的な要因が大きいと思います。おそらく米中対立がなかったら、いまの日本の経済はここまで復活しなかったはずです。トランプ政権が対中国強硬姿勢を打ち出し、バイデン政権もそれを継承したということで、日本を巡る経済環境が劇的に変わったのです。

世界における半導体販売のシェアをメーカーの国籍別に見ると、米国は54%と圧倒的優位を保っています。しかし生産シェアでは米国は11%と著しく低いのです。米国半導体メーカーは生産の8割を海外に依存しているのです。それはどこかというと台湾、韓国、中国です。国別生産シェアでは、アジア地域の韓国・台湾・中国だけで世界の半導体供給の

60％を占めているのです。中国は16％です。アジア情勢の緊張度を考えると、「こんなにもアジアに依存していたら、もう中国と喧嘩すらできない」と、半導体のサプライチェーンを中国から切り離して、安全なところに移すことにした。これがアメリカの経済政策の一丁目一番地です。

ではどこに移せばいいのか？　アメリカ国内に移そうとしていますが、それだけでは足りません。また、製造業の基盤が衰弱しすぎていてかなり困難です。かといって韓国や台湾は中国に近すぎて、非常に危険な地域。となると、安全だと思われるハイテク生産拠点は日本しかないのです。

しかも、日本は世界でも圧倒的なハイテク産業基盤を持っている国です。半導体生産は米国メーカーのマイクロンテクノロジー、ウエスタンデジタル等を含めても15％のシェアしかありませんが、半導体製造関連装置は世界の31％、材料に至っては、世界の48％を日本が生産しています。半導体そのものの競争力は韓国や台湾の攻勢で大きく落ち込んでしまいましたが、半導体全体としてみれば、日本には産業集積の基盤は十分にあるわけです。

そこで、日本を利用しようと、アメリカは考え直したというわけです。２０２１年、バイデン大統領が就任した直後に、菅前首相が訪米してバイデン大統領と会談し、共同声明を打ち出したのが発端になりました。その直後に自民党内に三重鎮（麻生・安倍・甘利）主唱による半導体議員連盟が結成され、一気に機運が高まったのですが、この米国の戦略転換がなければ、おそらく日本の半導体はずっと地盤沈下したままだったと思うのです。

その結果、いま熊本県の菊陽町に、世界最大の半導体受託製造企業ＴＳＭＣ（台湾積体電路製造）が新工場を建設し、現地は半導体ブームの様相を呈しています。

また北海道の千歳には純国産半導体メーカーのラピダスが５兆円を投じて最先端の巨大な半導体工場を建設しています。これらに日本政府は総額４兆円という巨額の支援を決定しています。「なぜ総額４兆円も？」という意見もありますが、実はそれは、アメリカの要望を受けたものであると同時に、日本の再生を期した起死回生のものなのです。

円高がもたらした「失われた30年」

日米の間には、かつて「半導体戦争」がありました。これを境に、日本は凋落の一途をたどるわけですが、当時、世界シェアの５割を獲得しアメリカ市場を席巻していた日本半導体産業を駆逐しなければというのは、アメリカ人の感情としては無理もないところです。

そもそも半導体技術は全て米国が開発したものであり、半導体の需要も米国にありました。日本がそれを奪っていると見えたわけです。日本も、「もうアメリカに学ぶところはない」なんて、傲慢になっていたこともあります。

しかし日本はアメリカと価値観を共有している同盟国です。そこがいくら半導体の生産能力を高めたといえ、アメリカの安全保障には脅威ではなかったわけです。

しかし中国は違います。米国による日本叩きによって日本から追い出した半導体やハイテク技術が、中国に移ってしまい、これが巨大化してアメリカを脅かすようになった。これはまさしく生存上の脅威です。アメリカは大きなミスジャッジをしたのですが、いまはそれを強く反省しているものと思います。

アメリカが日本を追い詰めるために使った武器は「超円高」です。これによって、日本は産業競争力を完全に奪われてしまった。でもこれからは日本に競争力を戻さなければいけない。そこでとった戦略が「円安」への誘導です。超円高の下で日本企業は大赤字となり、日本に集積していたハイテク産業が韓国、中国、台湾に流出してしまいました。これを還流させるために必須なのが超円安なのです。

こうして2022年初頭の110円から、あっという間に150円まで円安が進みまし

図表3　Jカーブ効果

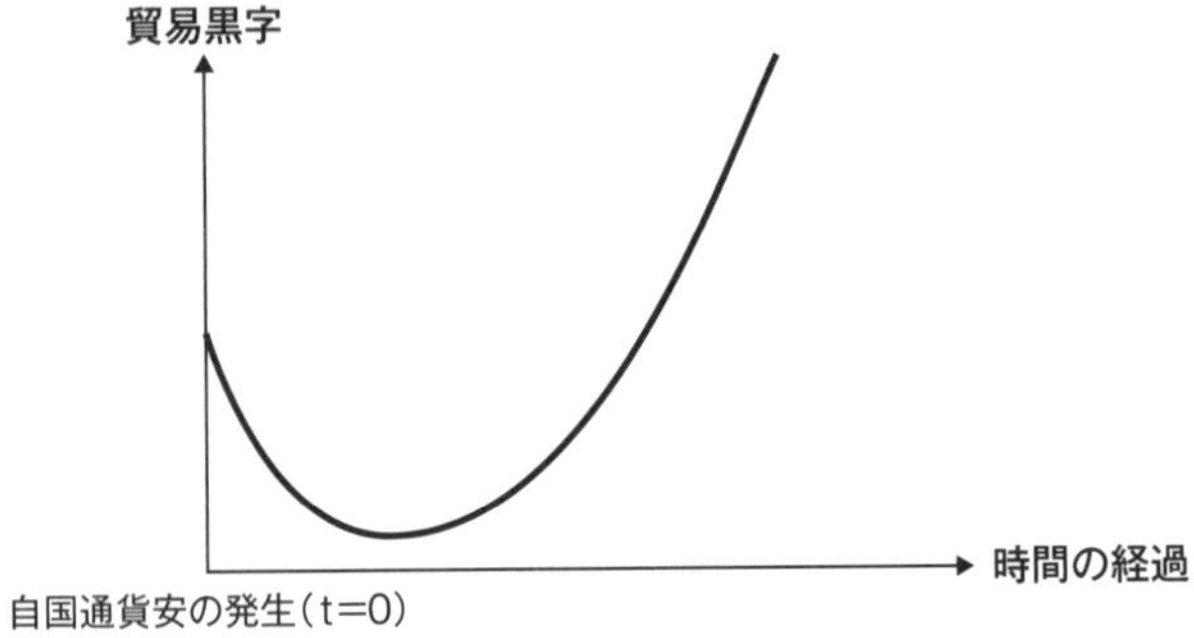

円安(自国通貨安)によって短期的に貿易収支の赤字が増えるが、その後反転し、貿易収支の黒字が増える。これがJの字のように見える。

➡円安の経済寄与　Jカーブの後半甚大に、企業収益飛躍

た。これは通常の経済状況や日米金利差などとは違う要素がもたらしたものです。つまり地政学的なアメリカの思惑と考えるべきなのです。

もちろん、急激な円安には輸入物価が値上がりし、一時的に日本人の実質所得が低下し、景気にマイナスの影響を与えるという面もあります。この点だけを強調して円安を批判するエコノミストがいますが、それは極めて近視眼的考えです。為替にはＪカーブ効果(図表3)というものがあり、円安の初期には輸入物価上昇によるマイナスが現れますが、時を経てプラスの面がはるかに大きくなる、という事実です。プラス面とは極めて割安になった日本に世界中の需要が集中し、設備投

資が巻き起こり、好循環になるということです。

しかも円安で日本人の平均給与は世界の他の国よりも安くなっていますから、日本人のベースアップもしやすくなります。

そんな形で今、プラスの好循環が始まっているのです。

いまの円安も米中対立がもたらした

つまり円安は、日本に産業基盤を移すに当たって、最も重要な推進力、明らかに弱くなった日本の産業を強くするためのものなのです。

というのは、いまの日本がダメになったのは、かつて円高に耐えきれず、日本から工場が海外に移転したからです。１１０円程度の円高では、日本の産業競争力が脆弱なままでしかなく、例えば中国に移転した日本工場が日本に戻ってくることはありません。これだけ産業基盤が損なわれている日本を再生させるには、やはり１４０円～１５０円くらいのレートでないといけない。そこで日本の産業復興のために、アメリカが円安に誘導したものと考えてよいと思います。つまり円安は、将来、日本を強くする原因になるわけです。

今後、日本の製造メーカーは引き続き、この円安を追い風にしていくはずです。特に1ドル110円の時でさえ世界最強であった日本の自動車産業は、ますます元気になるでしょう。

自動車と電気産業は、日本の製造業の中核を成す分野ですし、化学やセラミックなども自動車や電気関連の部品・素材として重要な要素です。こうして電気や自動車を頂点に、産業集積の大きな塊が日本に復活することを考えると、「失われた30年」の負の遺産は、完全に払拭できるのではないか、私はそう考えています。

今年、トヨタが過去最高益を計上しました。来年はさらに更新すると見て間違いないでしょう。そのトヨタがどこで利益を上げているかというと、アメリカ市場。やはりトヨタ車は非常にブランド力が高く、しかもEVなどに比べて価格が割安なのに加え、HV（ハイブリッド）車は燃費もよく、全米消費者の人気は断然トヨタ車なのです。やはり自動車産業はアメリカ市場がメインターゲットで、中国市場や日本国内ではあまり儲からないのです。

ですから1ドル150円というレートは、極論すれば「アメリカの政権がアメリカの自動車メーカーを日本に差し出した」のと同じことだと考えられます。「自動車に関しては日本との競争に負けてもいい」と。代わりにアメリカは、インターネット・プラットフォーマーなどで収益を上げればいいと考えているのでは、と思えるくらいです。

したがって、スマートフォンならアップル、自動車は日本車と、そういう棲み分けが進行するのではと考えられます。自動車を柱に、日本の産業が製造業主体に大きく復活することは、ほぼ間違いありません。

円安の原因は「日米金利差」だけではない

実は、これほどの円安をアメリカが容認しているのは、大方の予想外でした。例えば、２０１７年にトランプ氏が大統領になって、安倍総理が訪米したとき、トランプ大統領がいの一番に言ったのは「いまの円安を円高にしないとダメじゃないか」ということでした。日本はアメリカに対して、自動車を中心に７００億ドルくらいの貿易黒字があるので、やはり円高にするべきだというのが、トランプの言い分でした。

いまも、日本の対米貿易黒字は当時と同じくらいあります。総額は変わっていないのに、突如として円安を容認するようになったのは、やはり対中政策が念頭にあるからです。アメリカが日本に対する為替の姿勢をガラッと変えたことが、全てを物語ると思います。

一般的には、この急激な円安については、やはり日米の金利差で説明する人が多いと思います。アメリカはインフレで利下げができず、日本は2％のインフレが達成できないので利上げができないということから、確かに金利差が広がっています。それが円安の一因であることは確かです。

しかし円安局面でアメリカ財務省がウオッチしている為替操作対象国監視リストから日本を外したことはサプライズでした。やはり、急激な円安の理由は、アメリカの国益が背景にあるのです。円安をアメリカ自身が望んでいるんだというように、地政学の目で考えることが大事だと思います。

「もしトラ」で世界経済はどうなる？

さて、本年初め「もしトラ」（もしもトランプが復活したら）が「世界のリスクナンバー1」だと騒がれました。これによって世界経済も日本経済もめちゃくちゃになるんじゃないかといった論調もあります。トランプが大統領に返り咲いたとき何をしでかすか、それを人々が心配しています。

しかし私は結論として、アメリカは「ワースト・イズ・オーバー」だと考えています。確かにアメリカの「分断」は顕著ですが、格差は５年前のトランプ政権の時代から、緩やかに縮小し始めているのです。

トランプが諸悪の根源のように言われますが、経済的格差はトランプ政権で広がったわけではないのです。むしろ彼の時代は経済が好転し、景気が回復してきた時期なのです。特にコロナ後の景気回復期には、いわゆるトラック運転手やウェイター、ウェイトレスなどの、どちらかというと「アンスキルド・レイバー」（主に単純労働者）で、賃金があまり高くない人々の労働需給が逼迫して、彼らの賃金が上がったということもあり、全体として賃金格差は緩やかに縮小しているという状況が、トランプ時代から続いています。

「格差、格差」と騒ぎますが、リーマンショック直後、失業率が９％に上昇し人々の生活が困窮する一方、ウォールストリートの一握りの富裕層が世界の何割もの富を支配していると騒がれた、あのときに比べると、いまは格段に雇用と景気が良くなっています。

それなのに、いまそんな問題が再燃しているのは、人々が相変わらず、過去に定着した物の考え方に支配されているからだと思います。格差と分断のトレンドはまだしばらく続きそうですが、経済的な観点からすると、今後はよい方向に向かうと見て良いでしょう。

なお、そんな「貧富の格差」や「富の偏在」の問題に関しては、やがてマイノリティに転落しそうな「白人の反撃」という要素を無視できません。アメリカの人口動態が変わってきて、白人は少数派に転落しつつあり、白人の割合は1965年の84％から2020年の58％へと急低下しましたが、2060年には5割を下回ると見られています。

近年、「ブラック ライブズ マター」という運動が高まって、白人非難の動きが急です。「アメリカの白人は生まれながらにして原罪を背負っているんだ」という極端な論調もあります。最近も、例えば南北戦争の南軍の指導者だったリー将軍の銅像が撤去されたり、あるいはジェファーソンやワシントンなど建国の英雄が「奴隷所有者」として批判されるという動きがあります。トランプ支持者たちは、そんなアメリカの過去の栄光を否定するような動きに反発しているのです。

左翼陣営の行き過ぎの面もありますが、伝統的なアメリカの価値観が壊されているという恐怖心は、おそらくみんな持っているでしょう。トランプ人気は、その反映でしょう。

つまり、建前のリベラル主義もよいけれど、行き過ぎかどうかの判断がとても難しい。それがアメリカ社会の現実だと思います。建前では「平等であるべき」とか「ダイバーシティ」「インクルージョン」などと唱えても、本音では、それを嫌悪している層が多いというのがアメリカの現実です。現状は経済格差、富の偏在は是正されつつあるので、断絶はむしろ思想的な側面が強いと思われます。左陣営の行き過ぎに対して、右陣営が反発するという構図になっています。

日本のマスコミはとかく「対立」や「価値観の分断」を騒ぎ立てますが、民主党バイデン政権も、「これ以上移民が増えるのは困る」と、国境に壁を作り始めたくらいです。建前は建前として、現実を見据えなければならないという状況になっています。大統領選挙の結果がどうなるか、現時点では不明ですが、分断は徐々に収まっていくのではないかと思われます。

アメリカの分断には別の要因がある

アメリカは経済面での諸問題と同様、政治理念的な対立を抱える国で、それをどう克服するかが課題です。

とはいえ経済的格差が解消されたわけではありません。いまのアメリカでは、ＧＡＦＡ

M（グーグル、アップル、フェイスブック〔メタ〕、アマゾン、マイクロソフト）というサイバーのプラットフォームの多国籍企業だけが膨大な利益を上げる一方、アメリカ国民が置き去りにされている。「企業は企業のことしか考えない。グローバル企業だけよくても国はダメになる」というような意見があります。

しかし、これも〝思い込み〟で、現実のアメリカでは、多国籍企業も、利益の大半を配当と自社株買いの形で株主に還元していて、企業による利益隠しは起こっていません。ただし、その配当は株主でない人には届きません。そういう人たちには、やはり財政政策や所得分配策でカバーする必要があります。

それが、ジャネット・イエレン財務長官の政策です。彼女はかねてから「高圧経済」（モダンサプライサイドエコノミクス）の論者。つまり「景気を強めに維持することが望ましい」というのが持論。景気を強めに維持すれば賃金が上がって労働需給が逼迫し、企業はコスト抑制のために積極投資をして生産性を上げるはずだ、だから結局高めの経済成長を続けることが望ましいというのです。

そのためにアメリカ政府は金融と財政の両面から、経済を需要超過気味に誘導しようとしています。そこで人や設備の稼働率を上昇させて利益を増大させるだけでなく、生産性を上昇させることで、短期的、長期的に経済を拡大させていく政策をとっています。

GAFAM規制がもたらすもの

「GAFAMなどのプラットフォーム企業だけが潤っている」という批判は相変わらず根強いものがありますが、バイデン政権はわりあいに融和的で、これらのグローバル企業がバイデン政権を支持するといった構図になっています。

しかし、ラディカルな規制論者であるリナ・カーンというFTC（連邦取引委員会）の委員長が登場し、規制を加えることを模索しています。アメリカではまだそれほど強硬施策は講じていませんが、ヨーロッパではアップルに巨額の課税を検討したりして、巨大なメガテクノロジー・カンパニーに対する政治的圧力が高まってきています。

これらを含め、アメリカは分断した国民をきちんとまとめるための政策や理念をどう打ち出すか、それが次期政権の大きな仕事になります。

ただ、トランプ政権復活で、分断自体が加速するとは思えません。トランプはどちらかというと、分断の結果、落ちこぼれた白人の味方だからです。むしろ虐げられた弱者の味方といった風情があり、左派の行き過ぎに歯止めをかける効果をもたらすかもしれません。おそらく、それが彼の人気の秘密なのでしょう。

リンカーン「奴隷解放」の真の目的とは

私が見るところ、アメリカにはいろんな理念が混在していて、それぞれが不満を抱えているのですが、最後にはまとまりが出てくる国、それがアメリカだと思います。そこがヨーロッパとまったく違う点で、特にドイツは、理念だけで突っ走るから高転びする。ヒトラーもメルケルもそうです。

ではなぜ、アメリカは最後にはまとまってくるのか、それは経済という下半身が主体にあり、常に実利をベースに考えている国だからです。その象徴がリンカーン大統領です。奴隷解放を行なった第16代のリンカーン大統領は「人道主義者」として有名で、「理想主義者で人権を大事にするからアメリカで最も偉大な大統領になった。だからアメリカは理想の国になったんでしょう」というのが定説になっています。

確かにその通り。リンカーンは偉大な理想主義者なのですが、反面、実利主義者でもあります。むしろ彼は、アメリカ経済を発展させたことによって偉大な大統領の地位に上り詰めた人なのです。

その経済の成功とは何か、これがアメリカの本質で、それは購買力のない奴隷を購買力のある労働者に変えたということです。つまり、リンカーンの偉大な点は、世界で初めて「人々の生活をよくする」という〝需要創造〟を考え出した点にあるのです。

それまで、需要を創造する手段は、戦争だったり植民地の獲得であったり、金持ちの贅沢であって、下々の暮らしをよくすることなど二の次、三の次でした。しかしリンカーンは奴隷を解放し、一般の市民に変え、彼らの生活水準を押し上げることで需要を創造したのです。

市民となれば、それぞれ個人が生活のために働き、消費をします。そうして生活が向上すれば、需要が多くなります。すると技術が発展して供給力が増えます……このバランスで発展したのがアメリカなのです。

反対に、かつての覇権国イギリスには、この発想がありませんでした。覇権国でありながら、国内に貯まった富を労働者に配分して需要を喚起するという発想がなかった。儲けたお金を海外に持って行って投資をするだけなので、一部は金持ちになったものの、結局、国内経済は衰退して、やがてドイツやアメリカとの競争に負けて、覇権国から滑り落ちざるを得なかったのです。

でも、リンカーンが考案したのは、人々の生活をよくするという新しいパラダイムによる需要創造、これを経済の重要なメカニズムの中に組み込んだということなんです。だからリンカーンは偉大な大統領なのです。

これは私の独特の解釈ですが、万が一、南北戦争で南軍が勝ったらどうなったでしょうか。完全にメキシコと同じ状態になってしまったはずです。ラテンアメリカのプランテーション経済では、収奪する側が奴隷を使って儲けたお金を個人の贅沢に費やしたり、生産物をヨーロッパの貴族に売るだけ。それでは国民の間の需要は増えません。

南北戦争を見る場合に重要なのは、奴隷解放の結果、人々の生活が向上して、アメリカ国内に大きな市場が生まれたことなのです。だからリンカーンは偉大な大統領なのです。

トランプは絶対に覇権を手放さない！

トランプに話を戻します。再度言いますが、トランプは「アメリカの覇権」を絶対手放すはずがありません。「トランプが大統領に返り咲いたらウクライナからも台湾からも手を引くだろう。アメリカ・ファーストという孤立主義の立場で、アメリカは世界の警察官の役割を果たさなくなる」などと観測する専門家もいますが、私は、そんなことはありえないと考えています。

それは、アメリカはどんなことをしてでもこの「覇権国としての特権」を手放すわけにはいかないからです。だから特に中国にはバイデン政権以上の圧力をかけていくものと思われます。

つまり、ニクソンが始めた、中国を利する仕組みが変わるということです。政治的な意味での国際秩序の仕組みと同様、世界の通貨体制がこれからどうなっていくかが、より重要な要素になっていくのです。

つまり、バイデンとトランプ、どちらが勝っても、そう大きな変化はないというのが私の見立てです。その背景にあるのがアメリカの好景気、サイバーの世界で進行する「新産業革命」の恩恵です。この「新産業革命」についてはあとで詳述します。

コロナ以後、アメリカ経済は好調の一途です。バイデン政権はそれを自分たちの手柄にしていて、「自分たちの政府が大規模な補助を行った成果だ」としています。確かに世界最大規模のコロナ対策給付で、「ばらまき」をしました。と同時に、対中国政策のために国内の半導体〝再生〟のために大規模な産業投資を行いました。

このたび、バイデン政権はインテルに対する1・3兆円規模の援助、台湾のTSMC（台湾積体電路製造）の工場をアメリカ国内に誘致するために1兆円、そして韓国のサムソン電子への巨額援助などを発表しましたが、これも大規模産業投資の一環です。そんな形で大規模な財政出動をすることで、アメリカ経済が支えられているということです。

それをあえて主導したのは、先ほども述べたジャネット・イエレン財務長官です。彼女の「高圧経済政策」の後押しをしたのがコロナと米中対立です。その結果、アメリカはここ10年ぐらい、世界で一番財政支出をしている国になっています。アメリカ経済の好調さは、この財政出動によるところが大きいのです。

私自身は、覇権国としてのアメリカの大きなアキレス腱はトランプではなく、世界最大の債務国ということだと思います。変動相場、ドルと金の交換が停止されて以降の時代に何が起こったかというと、アメリカだけが巨大な借金をずっと積み上げてきたという事実です。

最初は、日本がアメリカに貿易黒字でお金を貸し、その後中国、ドイツなど、さまざまな国が黒字国になったのに比べ、一貫してアメリカだけが巨大な赤字国という状態で、過去50年間やってきたわけです。

アメリカの赤字の原因は、先述したように、世界から物を輸入して世界に資金を提供しているからです。日本や中国が経済発展してきたのも、アメリカが借金をして物をたくさん買ってくれたおかげ。つまり世界経済を回しているのはアメリカの借金なのです。

前にも述べたように、なぜアメリカだけがこんなに赤字を増やすことができるかというと、アメリカという国が覇権国だから、借金を返す必要がないからです。ドル本位制のもとでは、アメリカの借金は直ちに通貨発行になりますが、通貨は返済義務がないのです。

この「覇権」という立場を放棄してしまったら、アメリカはこの巨大な借金に押し潰されて、直ちに三等国になり下がります。それをアメリカが容認できるはずない。トランプはどんなことがあっても覇権国の地位を維持をする、むしろ強化するはずです。トランプもそこのことはわかっているので、売り言葉に買い言葉で、いろんなことを言っても、ドル覇権の強さを守るために、あらゆる手を打つはずです。

アメリカ経済はなぜ強いのか

アメリカは、ここ1年半ほどの間に「乱暴」と言えるほどの極端な利上げをしてきました。2022年の初頭、0%だったアメリカの長期金利は、23年末には5・25%と、たった1年ちょっとで5%の極端な利上げが行われ、それに連動して長期金利も大きく上昇しました。

こんな極端な金融引き締め策は、経済学の常識からいえば、大不況を招き、株価暴落を引き起こすだろうというのが、多くのエコノミストの予測だったと思います。私自身はそれほど悲観的になる必要はないと思っていましたが、それでも、一定程度の減速、相場の調整は避けられないだろうと思っていました。

しかし、すべての人の想像を超えて、この利上げが、アメリカ経済をまったく減速させなかったのです。2023年の初めには、同年のアメリカのGDP伸び率は1%というのがIMFの見通しでした。でも結果は2・5%、IMFの見通しをはるかに上回る実績になったのです。雇用状況も悪化せず、失業率はなお3%台の完全雇用状態が続いています。

ＩＭＦは２０２４年も２・７％、２０２５年１・９％と、先進国では突出した成長を予想しています。

多くの専門家の声とは裏腹に、昨年末にアメリカのダウ平均は史上最高値を更新、今年に入ってＳ＆Ｐ５００も史上最高値を更新しました。

この強烈な引き締めが株価の史上最高値をもたらしているなんて、どう解釈すればよいのか、通常の常識では解釈不能のことが起こっているのです。

いまのアメリカは「よい金利上昇」局面にある

では、アメリカ国内の経済環境はどんな状態なのか。いまのアメリカは金利が上がっています。エコノミストの間では、「あまり歓迎できない」という意見が強く、「いずれ株価暴落につながる」という主張もありました。でも、そうはなりませんでした。

金利上昇を警戒したのには理由があります。いまから50年前にも、今回と同じようにインフレが起こり、金利上昇を引き起こしました。それが株価の大幅下落につながりました。今回も同じような現象を危惧したというわけです。

ところが今回は、確かにインフレはあったものの、それは一過性だということがはっきりしています。

確かに2022年6月には、アメリカの物価は9%と50年振りの上昇となりました。でもその理由は、ほとんどがサプライチェーンが乱れたこと、エネルギー価格の高騰によるものでした。後追いで上昇した賃金や家賃も、いまは上昇率が大きく低下しています。したがって、アメリカのインフレはほぼ終わりつつあるというのがもはやマーケットの見解です。

「でも、ちょっと待てよ」という意見もあります。確かに現在のインフレは3%台に収まっていますが、「ではなぜ、アメリカの中央銀行は5%という高金利をいつまでも続けているんだ」というものです。「これでは経済をどんどん悪化させるだけではないか」という批判です。しかし、アメリカの中央銀行は金融緩和の気配を見せない。それなのに景気も悪化しない。「何が起こっているんだろう」と、皆、不思議がっています。

そこで、このメカニズムを考察する必要が出てきます。私は、いま起こっている金利上昇の背景には「よい金利上昇」があると考えています。

よい金利上昇とは、景気がよくなって資金需要が強まり、それが投資に回って潜在成長率が高まる。そうして金利が上がる。これがよい金利上昇のサイクルです。

つまり、みんなが先行きに明るさを見出し、自信を持つようになれば、借金をして株を買ったり、金融商品を買ったり、設備投資をしようという気になります。そうした資金需要が増えた結果、金利が上がるのだとしたら、これはよいサイクルなのです。

したがって、いまの金利上昇は、よい金利上昇なので、だったら株価が上がるのも理解できる……というのが、最も説得力のある解釈だと思います。

そうした「よい金利上昇」の背景にあるのは、アメリカ経済の地力が強まったことです。新産業革命や人々の旺盛なアニマルスピリットによって潜在成長率が高まっているのです。当然それにふさわしい中立金利（景気を過熱も冷やしもしない金利水準）も上昇します。

この可能性を踏まえて、アメリカの中央銀行であるＦＲＢは、こう考えていると思います。

「経済の地力が強いのに、昔と同じように低金利を維持していたら、どんどん人々がお金を借りて、今度は本当のインフレや資産バブルを作ってしまう。それを起こさないためには、やっぱり一定の高金利が必要なのだ」

つまりＦＲＢが高金利を維持しているのは、いまそこにあるインフレではなく、経済の強さからもたらされる将来のインフレ、将来のバブルを警戒してのものだということです。だから高金利維持というスタンスです。

素直に考えれば金利が上昇するというのは、資金需要が強いからです。遊んでいるお金、眠っているお金が有効に活用されるようになります。これは「よい金利上昇」ということになります。

これまで金利上昇が悪いと思われていたことの背景には、貯蓄が足りなくなったり、インフレが高まったり、財政の信認が落ち込んだりという負の側面がありました。

しかし、この当時の「貯蓄率とインフレ」という問題は、いまはまったくありません。遊んでいたお金が活用されるようになって需要を生み出し、金利が上がり、その結果として利子と益周り（利益を株価で割った比率）の差がほとんどなくなったということも起こっています。

では今回、金融緩和で企業が儲けたお金がどのように回ったかというと、自社株買いと配当です。企業は儲けを丸々株主に返すことで株価が上がり、その結果として経済の好循環が起こったのです。アメリカの金融資産の半分以上は、投信を含めて実質的に株式なので、株価が上がると財産が増え、資産効果で景気がよくなります。アメリカの企業部門のフリーキャッシュフローは、特にリーマンショック以降、そのほぼ8割から、場合によってはすべてが配当と自社株買いで株主に還元されてきました。家計の給料はさほど増えないとしても、持っている金融資産の上昇が消費のエネルギーになっているのです。

こうした、従来とは違うメカニズムによってアメリカの経済の好循環が支えられてきたと言えます。この結果、利潤率と利子率の乖離が収斂するプロセスに入りましたが、それが今回の金利上昇の特徴となっています。インフレで政策金利が引き上げられたことが一つのきっかけでしたが、底流にはそういう金利上昇要因があったのです。だからＦＲＢは、インフレが収まっても簡単には利下げをしないと考えられます。

アメリカの潜在成長率が上昇している

それにしてもなぜアメリカ経済はこれほど好調なのでしょうか。３つほどの要因が考えられます。

第１は新産業革命が進展し企業のイノベーションが旺盛で、企業における価値創造が好調であるということです。生産性が高まり賃金上昇分を吸収してもなお労働分配率は低水準で、企業のキャッシュフローは潤沢です。雇用の高さが消費を促進し、それがさらに雇用を増加させるというポジティブループ（好循環）が起きています。つまり新産業革命がアメリカ経済の地力を高めているということです。

2つ目に「大きな政府」への転換、政府の財政支出が効いています。コロナ対策1・9兆ドルと言う巨額のコロナ禍の下での家計給付金に加えて、CHIPS法（半導体チップス法）やIRA（インフレ抑制法）などの産業政策により、財政資金を投じて産業振興に乗り出しています。

CHIPS法は中国、台湾、韓国への半導体供給依存を引き下げることを目的に、5年間で527億ドル（7・4兆円）の予算を投じ、米国での半導体関連生産企業に補助を与えるもので、すでにインテルに85億ドル、TSMCに65億ドル、サムスン64億ドル、グローバルファンドリーに15億ドルなど巨額の支援が決まっています。

IRAは、2022〜2031年度の10年間に、法人税増税（15％の最低税率導入）や処方箋薬価改革によるメディケア予算の削減などで7370億ドルの歳入増を図り、3690億ドル（52兆円）をクリーンエネルギー・安全保障関連産業に補助するというもので、EVやバッテリー産業への補助が決まっています。これらにより米国での工場建設投資がかつてない勢いで増加し始めています。

これまで財政は失業率が高まった時に需要創造手段として繰り出され、財政赤字が増えました。しかし、今はほぼ完全雇用状態なのに、対ＧＤＰ比５～６％という主要国中最高水準の財政赤字が定着しています。つまり、財政が活躍しているわけです。新産業革命は生産性の向上を強め供給力を増大させます。よって相対的需要不足が予想され、それへの対応策として創造的財政政策が求められています。最近の米国財政赤字の膨張はこのような財政の役割の歴史的変化を確認させるものです。まさにイエレン財務長官が主唱する高圧経済環境が続いているのです。

３つ目は、株式市場の機能です。平たく言うと、企業の利益が株主配当や自社株買いとして株主に還元され、株価が上がったり、経済の需要を引き上げているのです。したがって、株式市場が所得分配の重要なハブとして機能しているということ。つまり、アメリカという国は株式市場を軸に資金が回っている国なのです。

例えば、アメリカ企業は過去７年間で、全体で挙げた利益９兆ドルのうち、８割の７兆ドルを株主に還元しています。この配当と自社株買い、労働者に支払う給与で、結局国民の所得や資産が増えて、これが消費に回っています。

２００９年と23年の「アメリカの家計の純財産、借金と総資産の差」を見ると、リーマンショック直後の09年に59兆ドルだったのが、23年第４四半期で１５６兆ドルと97兆ドルも増えています。97兆ドルという額はＧＤＰの３・５倍です。

たかだか10年ちょっとで、家計の純財産がＧＤＰの３倍以上に増大した。というと「株を持ってない人は恩恵に預かれていない」なんて反論が出そうですが、そういう人だって、年金受給資格があれば、間接的に恩恵をこうむっている。それがアメリカの消費が活発である原因なのです。

株式資本主義がアメリカの経済成長を後押し

端的に言えば、アメリカの企業の利益が経済成長に結びつく重要な媒介機能の役割を、株式市場が果たしているということです。いわば株式資本主義です。

日本人は株式投資を見下しがちですが、アメリカはそうではありません。やはり、正しい株の知識を持つことが大事だと思います。

私は常々、「企業の儲けが株式市場を通して経済成長の最大のエンジンになる」と主張してきましたが、実は「量的金融緩和」というのは株価を押し上げるための政策です。

日本の場合には、企業の株主に対する還元率は４割。アメリカは８割、年によっては１００％です。アメリカの企業は利益を貯め込んでいないのです。反対に日本企業は必要以上に儲けを貯め込んでいて、内部留保が多すぎる。したがって、企業の利益が増えても市場に回らないから需要が喚起されず、経済が活性化しません。

この日米の企業分配の差のもっとも大きな要素は「企業の目的」、つまりガバナンスの問題です。アメリカ企業の経営者の目的は、株主に喜んでもらうことなのです。企業業績を上げて配当を上げ、それによって株価を上げて、株主と市場に歓迎される。それを目的にしています。

株主は、金銭的なリターンを得るために株を買う。だから、資金を出したのに配当をもらえなかったり、株価が上がらなかったら怒ります。

でも日本の場合、株主に対するリターンは少ない。これを是正しようというのが岸田政権の「新しい資本主義」。これがどう動くか、結論はまだ出ていませんが、アメリカのように、株式市場を通した経営のガバナンスが効く社会にならないと、日本の将来は危ういと思います。

これからの世界の主軸は「第七大陸」にある

先ほど、アメリカ経済の強さを支える3つの要因を挙げましたが、最大のものは世界的に起こっている壮大な「新産業革命」で、それがいまのアメリカの「金利上昇しても好景気」の背景にあると考えられます。

言うまでもなく、この新産業革命は、インターネット、AI、ロボットなどのサイバーの世界で、とんでもない技術革新が起こっているということです。この技術革新を一体誰が担っているのか。すべてアメリカの企業で、この技術の発展の恩恵を受けるのがアメリカ経済です。

2022年から2023年の初めにかけて、サイバーの世界の技術革新は踊り場に入ったと、多くの人々は思っていました。なぜかというと、スマートフォンはもう普及が一巡して、今後の数量拡大は見込めそうもない。また、GAFAM（グーグル、アップル、フェイスブック〔メタ〕、アマゾン、マイクロソフト）などのメガテクノロジーカンパニーは、アップルもグーグルも大規模なリストラをやって供給力を削減する状態になっていました。そこでアメリカのハイテク革命も一旦成熟期に入ったのだと、多くの人々は思っていたわけです。

でも違いました。いわゆるチャットGPTなどの生成AIが活用されるようになって、新たなステージに新産業革命が進み、さらに大きなビジネスの飛躍が始まったのです。

インターネットやAIなど、サイバーの世界には国境がなく、誰でも利用でき、企業も瞬時に参入できる知恵の世界です。私はこれを「第七大陸」と呼んでいますが、このほとんどをアメリカ企業が独占しているのです。

実際、GAFAMのキャッシュフローを見ると、2019年の第4四半期を100として、ここ数年で研究開発費は8割増えています。営業キャッシュフローも利益も、踊り場を脱して再び大幅な上昇の波に入っています。

つまり、アメリカで起こっているサイバー世界の産業革命というのは、まだまだ大変な勢いで進行していて、その企業が獲得する利益が増大し続けています。

こうした技術の発展によってアメリカのイノベーションが進行し、企業が儲かるようになっています。それが経済の推進力となって、より雇用を増やし、人々の生活水準を押し上げる。そんな好循環にあるのが、いまのアメリカです。こんな形で、望ましい経済のバランスが保たれているからアメリカの株は強い、ということなのです。

アメリカにある「2つの経済圏」

いま投資家の間では、これから、アメリカ以外の投資対象はどこなんだろうという議論があります。

中国包囲網、あるいは米中デカップリングを考えると、もう中国ではあり得ません。するとインドか、あるいはラテンアメリカか、はたまたアフリカか……。

それらはすべて間違っている。中国に代わる次の成長のマーケット、それはサイバーの世界なのです。そして、そのサイバーの世界を支配しているのはアメリカで、サイバー関連のアメリカ企業の株価が世界をリードするという時代に入ろうとしている。それを如実に示しているのが、アメリカの株式市場だと思います。

実は2023年の1年間でアメリカのS&P500は2割ちょっと上昇しました。その中でもアメリカのテクノロジー7社「Magnificent 7（荒野の七人）」、つまりマイクロソフト、アマゾン、メタ・プラットフォーム、アルファベット、アップル、エヌビディア、テスラなどのサイバーの世界の支配者は、75％という巨大な株価上昇を続けました。

それに対して、それ以外の４９３社は12％の上昇にとどまっていました。

つまりアメリカという国は巨大な成長市場と、普通の市場という２つの要素を持っている国で、この巨大な成長市場がアメリカの株価上昇を支えていると言って過言ではないと思います。そして、この成長市場が先に見たアメリカのサービスと一次所得収支の大幅な黒字を増加させていくのです。

すると、アメリカの経常収支赤字が減ってドルが足りない時代になっていきます。このようにドル優位の状況も、このサイバーの世界におけるアメリカの圧倒的な強さが引き起こすのだと思います。

いまのアメリカ経済の異常な強さも、企業の収益力が異常に強いのも、ドルが不足気味になっているのも、新産業革命によるイノベーションが大きく作用しているということです。株はそんなに上がらないとしても、不安を感じることはありません。

「第七大陸」を支配するアメリカの強さ

先ほど、いま世界で一番成長している領域はサイバーに関連する「第七大陸」だと述べました。

いま電車の乗客は、ほとんどがスマホの画面を眺めて指を動かしています。我々はインターネットによって、とてつもなく大きなパワーを得ています。コミュニケーションや情報収集だけでなく、投資も消費活動もできます。我々の日常は、もはや第七大陸を使わずに生活することは不可能です。

誰でもインターネットサイバーの世界に入れば、直ちにそこの住民になれる。国家や社会、組織の枠組みを超えて、サイバー空間に身を置いているわけです。そこでビジネスをすることも、ユーザーとして便利さを享受することもできる。このサイバー空間は、国境に隔たれない空間ですが、ここを圧倒的に支配しているのがアメリカです。そして、そのゲートキーパーが半導体。半導体がないと、この素晴らしい第七大陸に入ることはできないのです。だから半導体が、「世界で最も重要な資源」と言えるのです。

トランプの〝財産〟とメルケルの負の遺産

こんなアメリカと対照的に、ドイツ経済は展望が開けません。2018年のカナダのサミットのとき、トランプとメルケルが対峙して、自分勝手な主張をするトランプをメルケルが問い詰めているというスナップショットが世界中に報道されたことがありました。安倍さんがその間に入って仲を取り持っていたのですが、そんなことからトランプという人物は先進国の協調を乱す危険人物、そういうイメージが植え付けられました。そうした印象を多くの人々が持っていると思うのです。

このときはトランプとメルケル、それぞれ主張が明らかに異なっていたわけですが、その後5年経って、どちらが正解だったか……。

今のドイツには、メルケルのもたらした負の遺産がとても大きいのです。人道的な見地から大量の移民を受け入れたのはいいけれども、それが社会不安となって、いまや極右と言われる政党の台頭を許している。従来のようにリベラルな中道民主主義がどんどん衰退しています。環境問題でも、原発をやめるという勇ましい決断をしたのはいいけれど、ウクライナ戦争であてにしていたロシアからのガスエネルギー供給が遮断されてしまった。その結果、電力料金が高騰して、庶民の不満が噴出している。電力料金が異常に高いので、産業が競争力を失ってしまった。

弱り目にたたり目とはこのことで、そこに中国から大量の自動車輸出が始まって、ドイツにとって最大の要《かなめ》である自動車産業が中国からの輸出でシェアを奪われるという恐れも出てきています。

詳しくは後述しますが、これまで、ドイツは中国で大量に自動車を販売し、中国との間でビジネスを強めてきた。その対中ビジネスもあって、数年前まではヨーロッパの盟主でいられた。しかしいまは中国との貿易が大幅な赤字に転落し、ドイツはとうとうEUのリーダーから転落し、お荷物にさえなりかかっている。これらすべてはメルケルの路線の延長上にあります。

それとは対照的に、トランプは当時から、環境問題にしてもエネルギー問題にしても、ロシア・中国との関係にしても、全面的に相手に譲歩することはありませんでした。それどころか、NATOに対しても、ヨーロッパ諸国の負担が小さいとクレームをつけていました。アメリカはGDPの4%近くを負担しているのに、ドイツは1%ちょっと、「これは不公平だ」と盛んに主張してきたのです。そういうことも含めてヨーロッパに対する不満を並べたてていたのですが、5年後になって振り返ってみるとトランプの主張には理があったといえます。

そう考えると、メディアが流すトランプのイメージが、本当にフェアなものなのかどうか、かなり疑わしい要素があると思うのです。

産経新聞の古森義久・ワシントン駐在客員特派員が時々論説を書いていますが、最近のもので非常に興味深かったのは、トランプの主張に批判的なメディア、ワシントンポスト、ニューヨークタイムス、あるいはCNNが、「トランプの悪いところだけを取り出して報道することで、アンフェアな世論形成がなされているのではないか」と。

確かに、トランプは「このままではNATOから脱退する」と脅しはしたけれど、実際にやろうとはしていない。交渉中のブラフとしてそういう言葉を使うとしても、いわば「売り言葉に買い言葉」、実際にそんな意識はないはずだと古森氏は語ります。「にもかかわらず、トランプが大統領に返り咲いたら、NATOも危機に瀕するし、場合によっては台湾防衛も危ういという、そういうトランプ恐怖症を必要以上に人々に植え付けている」と、古森氏、これは一理あると思うのです。

そうでなければ、あれほどイメージの悪い人間が共和党内で圧倒的な支持を得ているというのは、なかなか説明がつきません。

つまり、前回の大統領選の時もそうでしたが、仮にトランプが次期大統領に選出されたとしても、そんなに心配することはないというのが私の意見です。今回は安倍晋三という存在がいないのは少し気になりますが、「トランプが最大のリスクだ」というほどのことはないと思います。

その証拠に、トランプは「Make America, Great Again」という言葉で、アメリカを強くしたいと考えています。そこで世界から孤立していいのか、あるいは覇権国という立場を放棄していいのかというと、そんなことはあるわけがない。むしろ、覇権国としてのアメリカがより強くならなければいけない。それをトランプはちゃんとわきまえています。

世界の覇権は「台湾」で決まる

「台湾有事」に対するトランプの対応にも注目が集まっています。確かに、万が一「台湾有事」が勃発した場合、トランプがどう動くかは気になるところです。しかし、台湾とウクライナの最大の違いは、ウクライナ戦争は領土をめぐる争いですが、台湾問題は単なる「領土問題」ではないということです。

台湾を単なる領土問題としてみたら、主権がある中国に一歩譲らざるを得ない。しかし台湾というのは、世界の覇権争いの帰趨を決する場所でもあるのです。アメリカと中国の、どちらが台湾を手中に収めるかで世界の覇権が決まってくるのです。

という意味で、トランプがたとえウクライナへの援助を凍結したとしても、台湾を見捨てるということはあり得ません。したがって、トランプ大統領の再登場で世界の秩序が乱れるとか、アメリカの覇権が失われるとしたり顔で語る人がいますが、「そんなことはあり得ない」と、私は断言します。

ただ、そのためには、いち早く対中依存から脱却しなければいけないという危機意識は強いはずです。そういう意味では、中国に集中しているハイテクの生産集積を安全なところに移すことを、トランプも第一義に考えているはずです。

いまアメリカの半導体の最先端のものは台湾で製造していますが、万が一、中国が台湾を侵略したら危機にさらされるので、安全なところに移転しなければならない。何年もかけてという話ではなく、短期間に一気にやらなければいけない。それほど焦眉の急というのがアメリカの認識だと思います。それが日本にとってとても大きな追い風になっているのだと言って間違いありません。

その大きな理由は、日本にハイテク生産を集約させないと、思うように中国と対峙できないと、アメリカが腹を決めたからです。

つまり「米中デカップリング」は、具体的には「半導体を日本で作る、そのためにアメリカは何でもやるから日本も協力しろ」ということです。

これもまさしく、一刻も早く対中依存を脱却しなければいけないという目的のためです。

ですから「金に糸目をつけない」のです。１９８０年代の「日米半導体戦争」の時代とは真逆で、隔世の感があります。

第3章

中国の破綻、ドイツの衰弱が始まった！

中国経済は深刻化の一途をたどる

さて、では中国はどうなっているのかに話を移しましょう。

ついに中国経済は大減速の様相を呈してきました。「バブル崩壊」さえ噂されています。

結論から言えば、中国は今後、衰弱していくしかないと思われます。何をやってもうまくいかないうえに、習近平政権が傷口に塩をすり込むような政策をしているので、中国経済は深刻化の一途をたどるでしょう。

そんな状況下にあるいまこそ、デカップリングのチャンスです。米中対立の力学によって、長期的には、中国は国際分業上の役割がどんどん弱くなっていく国なのです。

そんな国と付き合っていくのか、それとも、新たなグローバル分業の面で成長する側にシフトするのか、いまは大きな分岐点に来ているのです。中国にこだわり続けるのはやめて、新たな市場にシフトすることが大事だと思います。

いま急務とされている「中国デカップリング」の最大のポイントは、中国に集中しているハイテクの生産体制に関するものです。「とかく国際秩序を無視しがちな中国から、もっと安全なところにシフトしないと世界が大変なことになる」という認識です。

その「安全なところ」というのが日本だということです。「米中デカップリング」が打ち出された直後に日本に半導体の大きなブームが来たのは、アメリカが引き金を引いたからです。そういう意味で、中国とのデカップリングは、日本にとって千載一遇のチャンスになるというのが基本線です。

もちろん痛みを伴います。政治だけでなく、経済面でも反日の機運は、今後ますます高まってくるはずです。対中ビジネス関連では中国向けの売り上げが落ちたり、中国からの物品の供給が途絶えることもある。マイナスはないとは言えませんが、それでも断固たる姿勢で、対中デカップリングを推し進めるべきでしょう。

アメリカの輸入に占める中国の割合では、トランプ大統領が登場する直前の２０１７年くらいは、２割を中国が占めていました。圧倒的な影響を持っていたのです。

ところがこの間の米中摩擦などの影響で中国のシェアが劇的に下がって、いまは15％を切っている。その恩恵を受けているのは、メキシコ、カナダなど、あるいはベトナム、バングラディシュなどのＡＳＥＡＮ諸国です。中国の地盤沈下は明らかです。目先のビジネスも大事ですけれども、長期的な視点から、いまこそ脱中国のチャンスと捉えるという戦略の転換が最も重要です。

中国国家資本主義の破綻

技術開発の面でも、中国は先進国の技術を模倣し、時には盗み取って凄まじい勢いで伸ばしてきましたけれど、それが米国の対中規制により壁にぶつかっています。まさしくそれが中国の弱点になるはずです。

唯一活路を見出せるのは電気自動車（EV）とクリーンエネルギーの分野だと思います。この最先端のハイテク分野では、中国は圧倒的なシェアを誇っています。

例えばEV車の世界シェアでは6割を占めているし、EV用のバッテリーだと7割くらいのシェアを持っています。リチウムイオン電池の精錬ではほとんど100%中国が独占しています。ソーラーパネルの世界シェアは8割もあります。風力発電などの部品もそれぞれ8割近いシェアを持っている。まさにクリーンエネルギー大国です。

これから脱カーボンということで、世界がクリーンエネルギーにシフトしていく時に、どんどん中国に需要が流れていくと予想されます。中国はその土台があるから米中対立でデカップリングが進んでも「中国の資源や製品を買えなかったら、困るのはあなたたちですよ」という姿勢です。

しかし今後もそのままいけるかどうかということです。国際エネルギー機関（ＩＥＡ）はＥＶや太陽光発電などサプライチェーンが中国に集中しているとして警鐘を鳴らし、各国に是正を促しています。

このまま中国がハイテクやクリーンエネルギー分野で高いシェアを維持するということは、まさしく中国に利するということですし、一国に偏《かたよ》ることは世界の安全保障面でも問題です。到底、アメリカは認めることができない。そこでバイデン政権は、中国からのクリーンエネルギー関連の輸入をシャットアウトするという法律（インフレ抑制法・ＩＲＡ）を作りました。日本のパナソニックなどは、バッテリーをアメリカで生産しているので、米国政府からの補助を受けられます。しかしヨーロッパはまだ準備不足で、当面、中国に頼らざるを得ないという状況です。

自動車に関して言えば、例えば２０２４年の１〜３月の世界の自動車の輸出台数で、これまでずっとナンバーワンだった日本が中国にその座を奪われました。自動車輸入国だった中国が、突如として世界最大の自動車輸出国になったという事実は、世界に衝撃を与えました。

その最大の武器はＥＶです。もちろん輸出急増の背景にはロシア向けの台数が伸びたことも大きく、ウクライナ戦争で西側諸国はロシアに禁輸措置を講じていますが、その間隙を縫って中国がロシアに輸出しているというアンフェアな面があります。しかしＥＶを武器に、ヨーロッパやアジアでのシェアを急速に拡大しているのが、いまの中国です。

その煽りを食らっているのがドイツです。特にフォルクスワーゲン社は、中国市場で自動車を売って成長してきた会社。ところが、中国で販売するどころか技術もキャッチアップされ、ヨーロッパそのものが中国車に侵食される始末です。

現時点においては、中国のＥＶ生産は圧倒的なシェアを持っているので、「ＥＶなら中国で作ったほうがいい」「中国製品はそれなりに競争力もある」という市場メカニズムに任せたままでいると、中国が世界のＥＶ市場を席巻するという恐れもあるわけです。

各国とも、それは政治的に認められないし、中国が補助金やウイグルなどの強制労働によって安く生産し、市場占有を押し進めれば、いよいよ世界全体を敵に回すことになると思います。

重要なことは、なぜ中国がそこまでクリーンエネルギーやハイテク分野で競争力をつけてきたかです。スマホ生産では世界で7割のシェア、太陽光パネルでも8割ですが、これらはすべてアメリカや日本で開発された技術です。それが10年たらずの間に圧倒的な競争力を中国が持ってしまった。

これはフェアな自由競争の結果、もたらされたものではなく、先ほどご説明したように、国家資本主義というか、政府主導経済のもとで、自国企業の競争力を強めるように育てた結果という面が大きいわけです。

ということは、これまでは中国の競争力があったけれど、不動産不況が深刻化し政府の産業を支援する力が衰えていけば、これからも優位性が維持できるとは限らないということです。

むしろ、脱中国の供給体制を作らなければいけない。だからいま、世界の目が日本の半導体に向かっているわけです。日本がこのチャンスをものにしない手はありません。

アメリカは中国のＥＶ市場独占を許さない！

アメリカは中国産の電気自動車（ＥＶ）を購入する際の税優遇措置についても、２０２

4年からバッテリーに含まれる中国産材料を制限する新たな規則を発表しています。中国産のバッテリーには税優遇措置が適用されないということは、明らかにアメリカ市場から中国製EVをシャットアウトするという意思の明確化です。欧州委員会も同様の意向を示していて、今後は「中国EV一人勝ちを許さない」というコンセンサスが形成されつつあります。

クリーンエネルギー分野で圧倒的なシェアを持つ中国は、相変わらず石炭を焚《た》きまくって、火力発電を継続し、カーボンを放出している。2000年以降の20年間で世界のCO_2排出量は45%、104億トン増加しましたが、このうち中国の割合は8割に上っています。その中国がクリーンエネルギー産業で世界を支配する、こんなことが許されるはずがなく、さすがにアメリカもヨーロッパも、戦略を見直さざるを得なくなってきたということです。

この結果、今後、中国を拠点としたEV戦略は挫折を余儀なくされるでしょう。テスラも上海に年間生産90万台規模の巨大な工場を作りましたが、いまはそこからの輸出が困難に陥っています。そこでEV移行を慎重に見極めていたトヨタに大きなメリットが出始めています。

これから先、ＥＶ開発競争勝利の決め手は、長期にわたる研究開発を持続できるだけのキャッシュフローを獲得し続けられるか否かです。研究開発には膨大な資金を必要とします。きちんとした戦略を立てて投資をしないと、行き詰まってしまいます。

トヨタは世界一の自動車メーカーですが、ＥＶには少し出遅れました。しかし、トヨタはハイブリッド車、ＰＨＶ（プラグ・イン・ハイブリッド）車という、完全ＥＶ化への過渡期の商品が充実しています。その意味で、トヨタはとても有利なポジションに立ったのではないかと思います。世界の自動車市場で儲かるのはアメリカです。過当競争で採算悪化が進行している中国とは逆に、アメリカの消費者は確かな製品にはそれなりの価格を支払うので、ブランドロイヤリティの高さがものを言うのです。アメリカで圧倒的にブランドロイヤリティを高めたトヨタは売上高純利益率で11・８％と、多額の補助金の恩恵を受けるテスラの９・４％を上回ってきました。トヨタは30年までにＥＶだけで５兆円という巨額の投資を計画していますが、それはわずか1年半分の利益相当に過ぎません。これに円安による上乗せ分を考えると、本格化するＥＶ投資競争においては、持続的なキャッシュ創出力が高い日本の自動車メーカー時代の到来が大いに期待できます。

EV市場は思ったほど伸びない？

自動車の部品点数は約3万点ありますが、EV車では1万点です。部品が劇的に少なくなり、トランスミッションやラジエーターなど、エンジンといういまの内燃機関を形成する部品が不要になります。劇的に簡素化するのでEVのほうが安く作れると思われがちですが、まだEVのほうがはるかにコストが高いのです。肝心のリチウムイオンバッテリーが高価ですし、部品それぞれの製造コストがまだ高いからです。その結果、EV車の売れ行きがかなり鈍って、アメリカでは在庫が溜まってきています。

なぜ、本来はもっと安く製造できるはずのEVが高いのか……やはりインフラが整っていないせいです。いま世界の自動車総保有台数は15億台で、年間自動車販売台数は、世界全体で9000万台ぐらいです。それに対してEVは累計販売で2000万台程度、全保有台数の1％強に過ぎず、コスト高を余儀なくされているのです。

というのは、ガソリン車の場合、ほぼ15億台のために必要なインフラ、整備工場やガソリンスタンドが揃っています。自動車というのは100年の産業ですから、初期投資は全部やり尽くして、償却も終わっているのです。

しかしこれをＥＶに置き換えるとなると、すべて整備し直さなければならない。あと10年以内に完全にＥＶ化するなんて、「そんな無茶な」ということになります。車単体の製造コストが下がったとしても、過去ガソリン車を数十億台作る過程で蓄積されたノウハウや開発コスト、設備などと、いまから始めるＥＶインフラの初期投資を考えたら、ＥＶのほうがはるかに高くつくのです。

前述したように、そもそもＥＶ大国の中国では発電の６割強を石炭火力に頼っており、ＥＶ化はむしろCO_2排出を増加させることになりかねません。トヨタの豊田会長は、日本ですべてがＥＶになったとし、そのすべてをクリーンエネルギーで賄うとしたら原発があと１０基余分にないと供給できないと述べています。そのほかリチウムの資源不足でとんでもなくコストが上がるとか、あるいはバッテリーの廃棄物処理が大問題になってくるとか、未解決の問題が山積みです。ＥＶに全面転換という動きは、徐々に是正されていく可能性が高いのではと思います。

その結果、中国で大きく積み上がったＥＶの過剰生産能力が問題化していくでしょう。

もはや中国に未来はない

ＥＶ市場の停滞だけではありません。中国国内では、いよいよ不動産バブルの崩壊がはっきりしてきました。おそらく脱出口が見えないほどの経済困難に追い詰められているというのが現在の状況だと思います。

いうまでもなく、不動産は中国の爆発的成長の最大の切り札で、地方政府は不動産を使って資金を集め、産業に投資をしてきたのです。ところがこの切り札が使えなくなるどころか、負の遺産になってしまっている。中国経済は大変な危機に瀕しているのです。

中国の固定資本形成、つまり投資のＧＤＰに対する比率を見ると、２０１０年以降、ずっと4割を超えています。世界のどこの国にもなかったような、異常な投資依存経済をずっと続けてきたわけです。これほど巨額の投資をすれば景気は間違いなく浮揚します。産業競争力もついて、ハイテクでのシェアも高まる。一見いいように見えますが、この投資主導の経済というのは、実はとてつもない危うさと背中合わせなのです。

どういうことかというと、投資というのはある意味で、安易に「ギミック」として使われるものだからです。ギミックとは〝いんちきな仕掛け〟という意味です。

確かに、投資は需要を喚起します。しかし会計的にいうと、需要を作るためのコストは資産計上によって全て先送りされます。この先送りされたコスト、それが投資なのです。

先送りされたものが優良資産で、きちんと価値を生み出せればいいのですが、もし価値のないガラクタだったら、コストは回収できず、投資のリターンもなく、待っているのは回収不能の不良資産です。

目先の需要を作るだけなら、作られる最終製品がガラクタでも金ピカでもいいわけです。しかし、後になってそれがガラクタかどうか判定される。ガラクタだとわかると、投資が突然とんでもない無駄遣いどころか重荷をつくってしまったということになるのです。

つまり、中国のこの投資主導の経済というのは、「行きはヨイヨイ、帰りは怖い」といった、極めてリスキーなものなのです。それをＧＤＰの４割を超えて、10年も継続しているとは、異常としか言いようがありません。

破綻した「土地の錬金術」

なぜこれまで、こんなことが続いてきたのかというと、「土地の錬金術」が背景にあるからです。この投資主導の経済政策が、中国のバブルを引き起こしたとも言えます。

中国の国家財政は地方が支出の85％を担う構造になっていますが、地方の財政収入の4割が土地利用権売却で捻出する仕組みとなっているのです。地方政府は恣意的に規制を外し、周辺インフラを整備して、金融支援までつけて〝魅力度〟たっぷりになった土地の利用権を売却し、巨額の収入を得続けました。地方政府がバンバン土地を売れば、その売却代金が地方政府の収入になるわけです。地方政府は極めて潤沢な収入が得られ、それをインフラ投資やハイテク企業支援に振り向けるわけです。

結果として、みんな万々歳、めでたしめでたしとなればよかったのですが、問題はこの錬金術がいつまで続くか……バブルが崩壊して、地方政府が土地を売却できなくなったら、錬金術はジ・エンドです。

こうしたことから、いまの中国の不動産関連負債は日本に比べても突出したレベルとなっています。日本の不動産バブルはもっぱら銀行部門の過剰融資でしたが、中国の主役は地方政府の別動隊であり、公共インフラ整備資金の調達を担う「地方融資平台（ＬＧＦＶ：Local Government Financial Vehicle）」です。日本の場合は金融不良債権は大体１００兆円ぐらいで、ＧＤＰの約２割でした。しかし中国の場合「地方融資平台」という、地方政府の別動隊が巨額借金をし不動産事業を回しています。その借金の大きさは日本とはケタが違います。

不動産価格が下落し一旦それが不良債権化すると、その規模は日本とは比較にならないものになると思われるのです。

日本の不動産金融を見ると、１９９０年の総量規制の対象となった３業種（建設、不動産、ノンバンク）に対する銀行の貸し付けは１９８０年で33兆円（総貸出に対する比率13％）から97年の１１５兆円（同22％）まで膨れ上がり、これがバブル形成の主燃料となりましたが、ＧＤＰに対する比率は80年15％、97年21％でした。

それに対してＩＭＦのレポートによれば中国の場合、融資平台だけで債務総額は18年35兆元（対ＧＤＰ比38％）、23年57兆元（対ＧＤＰ比53％）と推移し、27年には１０２兆元（対ＧＤＰ比60％以上）と予想されています。日本とは比較になりません。

加えて、日本のバブル崩壊時には存在しなかったシャドウバンキング（貸付信託、受託債券、受取手形、信用状、収益権等）によるデベロッパーなどの資金調達も数十兆元（対ＧＤＰ比10％以上）あるものと推測されます。

また家計債務対ＧＤＰを比較すると、日本のバブル期（１９８０～90年）では45％から68％へと23ポイントの上昇だったのに対して、中国は２０１０年の26％から20年62％まで36ポイントと急上昇しており、中国の家計債務の脆弱性が明確です。

さらに、中国の不動産バブルの経済への影響は甚大です。バブル関連産業を建設業と不動産業と定義して両者の産業別ＧＤＰを合計すると、それはほぼ30％に上り、この不動産バブル崩壊が中国経済全体に及ぼす影響は計り知れないものがあります。

こうしてみてくると、すでに形成された中国不動産バブルのスケールは、かつての日本のそれよりも、はるかに大規模なものであることがわかります。

「地方融資平台」の債務はとてつもない巨額

先のＩＭＦのレポートによれば、中国政府自体の債務は１５１兆人民元（３１７１兆円・

対GDP比121％）とそう大きくはありません。しかし先に見たように、中国地方政府に問題が潜んでいます。

不動産販売金額の地方政府収入に占める割合は最大時の2000年で45％、いま減少したとはいえ3割くらいはあるでしょう。地方政府は中央政府が持つ土地の利用権を販売して収入を得て、様々な事業を展開してきたわけです。

そこではこんな手口もあります。まず土地の値段を意図的に吊り上げて売り、より多くの収入を得る。それで公共投資をやるとうたって、高い土地を買った民間あるいは地方融資平台が、事業としてマンションや住宅などを建設するのです。結局、堂々巡りの土地売却とマンション建設、インフラ投資がすべてつながっているのです。でもこの地方融資平台の財務内容が大きく悪化し、不良債権化して返済不能になっている例が出始めているのです。

このように、曲がりなりにも市場経済と金融の専門家が起こしてしまった日本のバブルと、共産党指揮下の政府が主導した中国のバブルとでは桁も違うし、内容も違うということになります。

共産主義者である当局が、本来自分のものではないはず土地の利用権を売って、その売却代金でやりたい放題……。どこまでいくのか、ため息が出るほどです。

いまはまだ、政治の力で帳簿を改ざんしたり粉飾決算を続けて、表面に出ないところが多いのです。そもそも共産主義的組織である地方政府には倒産がありえない。それが逆に最も怖い点です。

例えばあの恒大グループだって、香港の別会社だけは不良債権化しましたが、本土は不良債権になっていません。当局の意を受けた銀行の追い貸しが続けられる限り潰れることはないのです。「資金がショートしているので不足分を借ります」という形で、借金をどんどん増やしていくという方法です。

日本ではそれができませんが、融資平台ならできます。銀行は融資したくなくても、例えば人民銀行が「保証するから融資しなさい」と言ったら貸さざるを得ないのです。中国人民銀行をはじめ、いわゆる国有銀行もみんな共産党の指揮下にあるわけですから、何でも共産党の言いなり。習近平が号令したら、誰も逆らえません。

でも「それも、いつかはできなくなるはず」という声があります。つまり政府が貸し出せなくなったら……ということですが、貸し出しが出来なくなることはない。際限なくなくやり続けるでしょう。すでに出資した資金は返ってこなくても、返ってきたことにして、金利を含めた元本をまた貸し出すというキャッチボールを続けていれば、破綻することはない。

もちろん、「もう返済は不可能だろうから、貸した分を全部引き上げます」という貸し手が登場したら、アウトでしょう。しかし、「追い貸し」をして延命して、利息も払っているのなら、あえて借金を取り立てて回収不能という事態に追い込むことは得策ではありません。中国なら〝延命〟は不可能ではないのです。

中国の危機は外からやってくる

したがって中国企業は、国内的には破綻は回避できるのかもしれません。中央銀行は政府の力で抑え込めます。特に今年の全人代（全国人民代表者会議）を契機に、正面切って習近平にものが言えなくなり、政府機関も国民も完全に共産党の手下にならざるを得なくなりました。

その結果、「中国経済公明論」まで登場しました。「中国経済の先は暗い」などという情報を流したら、たちまち拘留されてしまう。誰も〝本当のこと〟を言えなくなって、国民は「見ざる、聞かざる、言わざる」の状態になっている。悪いことも言えないし、見えなくなってしまう。こんな状態がずっと続いていくでしょう。

しかし、国内経済はそれでごまかせても、経済成長はしない。そこで閉塞感が生まれますが、それに政策が対応しなかったら、ますます経済は停滞する一途、当然、海外からの投資は呼び込めません。

そうなると結局、問題は外資ということになります。海外からの借金を返済できなくなって、人民元が暴落する。結果、輸入するものの価格が上がってインフレが起こる。

このように、「破綻」はクロスボーダー、つまりクロス（越える）ボーダー（国境）で、「国際間取り引き」から起こると考えられます。2015年に「チャイナショック」が起こりました。あのときはいまほど経済も不動産バブルもひどくはなかったのですが、資本自由化が危機の引き金を引きました。

2015年中国の人民元が、ドル、ユーロ、円、ポンドに続いてIMFのSDR（特別引出権）のバスケット構成通貨に入ることが決まりました。それは中国が一等金融国になり、人民元が国際通貨として認められた名誉なことなのですが、その条件として中国はIMFから資本自由化や資本統計の整備と開示を求められ、2015年に資本取引の自由化に踏み切りました。

するとそこで何が起こったか。怒涛のような海外への資金シフトです。中国の資金が大量に海外に流出しました。そして結局、中国政府は資本コントロールを復活させ、年間１人５００ドル以上の送金は認めないことにしたのです。

そういうことでチャイナショックは一旦収まったのですが、それはまさしく、これから起こる危機の予行演習だったのではと思います。

これから先、中国に起きる破綻は、そういった形の対外的な収支を払いきれなくなることが引き金になるのではと思います。ただ現在は貿易黒字もたくさんあるし、外貨も潤沢です。おそらく対外収支が危機的な状況になるのはまだ5年ぐらいは先になりそうですが、5年なんてあっという間です。

中国人民銀行は規制に動いた

中国不動産のバブル化はずっと前から指摘されていたことです。それがなぜいまになって深刻化したかと言えば、習近平政権が規制を強化したからです。日本の不動産バブル崩壊も当局が引き金を引きました。世論の後押しもあり、「平成の鬼平」の異名をとった日銀三重野康総裁がバブルつぶしを目的として金融を引き締め、不動産関連融資の総量規制を実施したのです。

中国の場合は、2020年、中国人民銀行が不動産市場の投機を抑えるために「3レッドライン」という規制を打ち出したことが端緒でした。不動産会社に対し「負債の対資産比率70％以下、純負債の対資本比率100％以下、手元資金の対短期負債比率100％以上」という3つの指標を示し、基準をクリアできない企業の資金調達を制限したのです。

この資本規制は企業の資金繰りを悪化させ、不動産各社はキャッシュの確保を迫られることになって、そこから不動産不況がジワジワ広がっていきました。恒大集団、碧桂園などをはじめ、大手不動産会社が軒並み経営危機に陥ったのです。

たまりかねた習近平指導部は、「3レッドライン」を緩和して不動産企業への資金調達制限などを緩め、支援政策に転換しましたが、すでに遅きに失した感があります。

この不動産不況というのは、もちろん不動産会社だけでなく、中国経済全体の成長エンジンが失われるという途轍もない大問題なのです。

日本のバブルは帳簿価格の膨張、中国のバブルは投資の膨張

日本の場合にも、30年以上前に同じ様なバブル崩壊がありましたが、中国の不動産不況は、質量ともに日本とはまったく別物と言うべきです。

日本のバブル問題は不動産価格が急騰した後急落し、その結果発生した膨大な損失を処理をしなければならなくなったという、バランスシート上の問題でした。もちろん、金融不良債権の処理のために、企業や金融機関が大きなコスト負担を余儀なくされ、経済全体が重荷を負ったことは事実です。しかしあくまでも、帳簿上の問題でした。

しかしいま中国で起こっているのは、不動産価格の上昇をテコとした壮大な実物投資を増やしたことのツケです。経済計算や実際の需要を考慮しないままに、巨大な構築物を次々に作ったのです。都市郊外に林立する鬼城（未完成で買い手がいない住宅の在庫）は2023年末で年間販売の5年分に相当すると言われています。住宅販売は前年比30％程度の減少が続いているので在庫がなくなるまでにさらに時間がかかることになります。また新幹線、高速道路、地下鉄などのインフラ建設も飽和状態になりつつある。例えば新幹線の総

延長は4万㎞で世界の全高速鉄道網の2／3以上を占め、日本の3000㎞の13倍のスケールです。これをさらに伸ばし2035年までに総延長7万㎞を目指すと言っているのですが、他人事とはいえ心配になります。人口減少期に入り経済成長が落ち込む中で、これらの投資資産が価値を生むのか、それともガラクタばかりになるのかが、これから明らかになるというわけです。

中国は2年余りで、アメリカが使った100年分のセメントを消費したといわれるほどの天文学的投資をしてきましたが、その資産が価値を生み出す健全資産とは考えられず、潜在的に不良資産が積み上がっていると思われます。中国の根本問題は、実物資産の作り過ぎ、つまり住宅の過剰、企業設備の過剰、そして過剰インフラにあります。そこからの脱却は経済の急収縮をもたらし、その結果は、深刻な大恐慌型の経済困難を引き起こしかねません。かつての日本は実物資産に対する過剰投資は全く起こっていなかったわけで、中国にはより深刻な将来が待っていると考えるべきでしょう。

共産主義中国に〝資本の論理〟は根付かない

私はそもそも、「共産主義者が資本主義経済を運営するなんてできっこない」と考えてきました。資本主義の本質は金儲け、つまり飽くなき資本増殖の追求です。市場は高いリターンを求めて動く、それが根本原則であり経済の規律なのです。しかし、その根本精神を持たない共産主義者に、資本主義経営などができるはずがないのです。

すると何が起こるか、資本主義の真似事をしておいしい成長だけを取ろうとするのです。しかし、理念がない成長は、大いに禍根を残します。地道な発展を後回しにして、目先の果実だけを取ろうとするからです。

例えば中国の国有企業はだいたい上場していますが、ステークホルダー（利害関係者）は従業員を含む大きな集団なのです。いわば「共同体」で、それを支配してるのは共産党。つまり最大の株主は共産党で、それが持つ一事業部門を国有企業として上場させている場合が多いのです。

だからその国有企業の社長は、実は共産党員。共産党員として理念に忠実になればなるほど、資本主義の倫理に基づいて、高い資本のリターンを求めて経営するなんてありえなくなるのです。

そもそもよく考えれば鄧小平が言い出した「社会主義市場経済」という概念自体、羊頭狗肉の矛盾したスローガンでした。社会主義と市場経済は別物のはずです。それでもしばらくの間は、アメリカの多大なサポートのおかげで、生産したものをアメリカに輸出でき、アメリカから技術を導入でき、また海外から資本も入ってくるので回っていたのです。

つまり「市場経済」をお題目に、他力本願で経済を成長させてきた。米国や欧州、日本は「中国が市場経済の国だ」だという幻想に惑わされ、みんなで寄っていったのです。他人の力で技術と市場と資本を形成できたので、いかにモチベーションが違っている中国でも成長することができたということになります。しかし本質的に彼らはきちんとした経済成長ができるDNAを持ち合わせていないのです。

すると、手っ取り早く成長する方法は、どんどん投資をすることなのです。中国は「白髪三千丈の国」であり、万里の長城を建設した国ですから、とにかく誇大妄想狂的な投資を平気でする。

高速道路にしても新幹線にしても、投資をすれば直ちに需要につながります。例えば1兆円投資をしたら1兆円の需要が生まれます。需要というのは経済成長につながりますから、投資をするだけで成長が可能になります。

繰り返しになりますが、投資とは会計的には「費用の先送り」のことです。例えば10

0億円を投下してものを作ったとすると、その費用は将来、減価償却の形で回収されていくわけです。したがって、作ったときにはまったく費用が発生しない。つまり、目先の成長を目指すだけなら、投資が大きな武器になります。

例えば作った住宅がちゃんと働けば、家賃が入ってきて借金が返せます。高速道路であれば、通行料が入ってきて建設費が返せます。しかし、住む人もいない家だったり、ろくに車も通らないような高速道路なら、不良債権として残るだけです。そういうものがとてつもなく積み上がっているのが、いまの中国バブルの本質です。日本のバブルとは根本的に違うのです。

つまり不動産バブルだけではない。実は中国経済はもうバブル経済というか、将来もう返すことができない不良資産をどんどん積み上げて、それで成長してきた経済なのです。

中国のバブル崩壊はまだまだ序の口

中国の不動産事情は日本と比べ物にならないほど深刻な状態になっている現状をもう少し詳しく見ていきましょう。

中国では近年、世界が経験したことがないほどの不動産価格の異常な値上がりが起きています。不動産価格の水準を年間所得との比較で見ると、上海50倍、深圳43倍、香港42倍、広州37倍、北京36倍（2023年NUMBEO調べ）と、歴史的高水準に達しています。バブル期の東京が15倍だったことと比較すると、その異常さがわかります。

また住宅価格を年間家賃との比較で見ても、東京やニューヨークの25倍に対して、中国は全国中央値でも58倍（2023年中国不動産協会調べ）と、著しく高いのです。

最近の中国では若年失業率が20％超という環境下にも関わらず、住宅所有が結婚の条件だそうです。そんな中国で、この価格では到底手が出ません。結婚できない若者が続出して社会的不安が高まり、習近平政権はそれを無視できなくなっています。

「住宅は住むためのものであり、投機の対象ではない」という習近平の言葉は、国民の強い不満に対する対応と理解するべきでしょう。日銀の三重野総裁と同じように、習近平も国民の怒りに答えざるを得ず、バブル崩壊の引き金となった2020年の不動産融資規制、「3レッドライン」を打ち出したのです。

ただ、中国バブルは確実に崩壊に向かっていますが、現在はまだ崩壊の初期にあります。日本と比較すると1990年代初頭に相当する時期ではないかと思います。中国の不動産価格下落は始まったばかりで、当局の公表値は数％の下落に過ぎません。しかし、アリババ本社近くの中古物件は21年終盤の高値から25％安になったとのメディアの報道がなされており（ブルームバーグ）、仲介業者データではすでに高値から15〜25％下落したと推測されています。

むしろ、中国の不動産販売の激減が大問題です。大手100デベロッパーの販売額はピークの2021年比7割減で推移し、まだ底入れしていません。家計の住宅ローンも激減しています。

ということは、不良債権の発生と処理も、いまの中国はほんの入り口に過ぎないということになります。日経新聞（2023年8月31日）は、中国不動産デベロッパー11社のバランスシート合計値を発表しました。そこでは「主要11社の6月末のバランスシートは資産総額が約12兆3300億元（対GDP比10％）に対し、負債総額が約10兆3400億元。差し引き約1兆9900億元が資本となっている。総資産のおよそ半分を占める開発用不動産の評価が仮に32％下がれば、資本不足で債務超過に転落する計算だ」と分析しています。

しかも、開発用不動産以外の資産も、バブル崩壊で評価が大きく下落するであろうこと、価格下落はこれからが本番、大幅な評価減は不可避であろうことを考えれば、ほぼ全社が債務超過に陥ることは避けられないのではないかと思います。

日本の場合、全国銀行の不良債権のピークは2001年の43兆円、累計の銀行処理額は80兆円程度、GDP比20％程度だったと推定されます。日銀は銀行の不動産処理による損失に対して巨額の量的金融緩和で対応しました。損失処理が進展した1998年から2005年にかけて、日銀総資産はほぼ80兆円増加しましたが、この銀行の損失処理額がまるまる日銀信用によって補塡され、銀行のバランスシート自体の収縮は避けられたことを意味します。このように日本の不良債権処理の過程と比較すると、未だ中国では不良債権の処理すら始まっていない段階と言えます。

中国と日本のバブルの根本原因はドルの垂れ流しにあった

おそらく歴史書は20～21世紀にかけて日本と中国で大きなバブルができたことを書き記すでしょう。なぜ日本と中国かと言えば、両国がニクソンショック以降のドルの垂れ流しの恩恵を受けて輸出を急増させた国だったからです。ニクソンショック以降、アメリカは輪転機を回しまくってドルを刷り大幅に輸入を増やしました。日本そして中国では突然対米向けの輸出が増え、貿易黒字が積み上がりました。その巨額の貿易黒字の行き場がなく不動産バブルに行き着いたわけです。日本政府は貿易黒字によって起きた通貨高を回避するために為替介入し国内で通貨供給を増やしました。日本ではこの過剰の通貨発行が銀行の融資意欲を大きく刺激し、バブル融資となったのですが、中国は北京オリンピックを挟んだ２００６～10年にかけて対米輸出が急増し、ＧＤＰ比５～10％の巨額貿易黒字を出し続けました。それは即国内通貨の過剰供給に繋がり、地方政府の巨額の投資資金になりました。さらに２０１５～16年の金融危機・人民元安危機に対応し資本輸出規制を再導入したため、貿易黒字＝過剰貯蓄が国内に封鎖され16～17年の不動産狂乱を引き起こしました。ドルの垂れ流しによる対外黒字と過剰通貨発行は日中共通のバブル原因となったのです。

このように不動産バブルの根本原因には日本と中国の共通の原因があるのですが、中国は土地バブルを原資として不動産、インフラ、企業設備において極端な投資を積み上げ、実物資産が膨れ上がったという、日本にはない深刻さがあるのは先に見た通りです。

ただ日本のバブル生成と崩壊のプロセスの特徴として、政策の誤りがバブル崩壊を過度に深刻なものにしたことも指摘しておくべきでしょう。つまり政府・日銀は過剰な金融引き締めと融資規制を続けたことで、資産価格の過剰値上がりの是正だけでなく、負のバブルの形成（本源的価値以下までの株価、不動産価格の低下）をもたらしました。今の中国はまだその段階にはありませんが日本の誤りを繰り返さないよう気を付けるべきでしょう。

ただでさえ弱い中国消費がさらに弱くなる

中国では投資とは逆に、長らく消費が後回しにされてきました。過去40年間に家計消費対GDP比は53％から38％へと15％低下し、消費が投資を下回り続けましたが、これも世界のどこの国にも見られなかった異例の事態です。今後予想される投資の落ち込みは、消費の増加でカバーするしかありませんが、バブル崩壊と、習近平政権の「贅沢は敵だ」と言わんばかりのイデオロギーは、家計の防衛意識を生み、庶民が貯蓄に走って、一段と経済の活力を奪っていくでしょう。

習近平政権は当面の経済困難を、①バブル崩壊の先送り、不良債権の隠ぺい、追い貸しなどの弥縫策、②家計に対する減税などの消費支援で糊塗しようとするでしょうが、その効果は長く続くとは思えません。

中国が旺盛な国内需要を復元し維持することは困難と見られますが、それには3つの根拠があります。第一は大きなバブルを形成し崩壊した歴史的事例として１９３０年代の米国、１９９０年代の日本がありますが、どちらの場合も一旦バブルが崩壊すると経済停滞が長引くということです。例えば米国と日本のバブル崩壊の経験を振り返ると、不動産バブルのピークが自動車販売のピークと重なっており、バブル崩壊後20年にわたって自動車需要がピーク水準を下回り続けました。バブル崩壊は消費意欲を押さえつけるモノなのです。

第二に中国で消費者心理の悪化が進行しており、バブル崩壊を食い止められなければ、それは深刻な消費収縮のスパイラルを引き起こす可能性があるということです。いま中国の人々は不動産バブル崩壊を確信し始め、家計貯蓄を急増させるという極端な防衛的行動をとり始めています。中国の場合、社会保障や年金制度が未発達で、庶民は自分を守るためには節約し貯蓄を増やすしかないのです。このような家計貯蓄の増加はバブルが崩壊した後の米国や日本では起きなかったことで、中国人の節約志向の異常な強さがうかがい知れます。不動産価格が目立って崩壊したとすればどれほどの消費抑制につながるのか、想像もつきません。まさに景気テコ入れで消費を強めなければならない時に、消費が景気の足を引っ張るという困難な事態が予想されます。

中国の輸出ダンピング攻勢は世界を敵にする

投資はダメ、消費もダメと言うことになると残る期待は輸出と言うことになります。しかし輸出を増加させることで経済困難を脱却するというシナリオにも無理があります。米中対立、中国のデカップリングを進める諸国はそれを許さないでしょう。1990年代終盤から2000年代初めにかけて安い中国製品の輸入ブームが、米国でも欧州でも日本でも自国工場の多くを廃業に追い込みました。同じことの再現を米欧日は容認しないでしょう。むしろ米中対立により中国をサプライチェーンから排除しようという動きがさらに強まることは避けられません。

例えばFT（フィナンシャル・タイムズ）は「中国メーカーは膨大な国家補助金と無制限の銀行融資を受け、内需を遥かに超えるバッテリー工場を建設している。今年のバッテリー生産能力は1500ギガワットと2200万台分の能力（需要の3倍に相当）を保有している」と報じ、中国と西側諸国との間の地政学的緊張に拍車をかける危険性がある、と警告しています。またドナルド・トランプ前大統領は、中国製品に60%以上の輸入関税をかける案を提示しています。

先進国から締め出される中国の輸出企業は新たな市場を求め、より低所得のインド、アセアン、中南米等の国々に進出していますが、それらの国々では育ち始めた自国の産業が打撃を受ける事態に直面しかねません。そうなると中国は世界を敵に回すことになりかねないのです。

中国は「反スパイ法」で自分の首を絞める

中国はいま「雷峰に学べ」というキャンペーンが盛んです。雷鋒は中国人民解放軍の兵士で、22歳のとき、執務中の事故で死去した人物です。人助けや奉仕活動に熱心だったため、文化大革命（文革）中に「道徳模範」として持ち上げられました。死後に発見された日記には、「私心を忘れ、ひたすら革命に邁進する」「自分の原点は毛沢東思想だ」といった記述があり、１９６３年の人民日報は「雷鋒同志に学ぼう」という毛沢東の揮毫《きごう》を掲載。以後、毎年３月５日は雷鋒を学ぶ記念日となっていて、新聞や教科書で盛んに取り上げられています。

こんな形で「道徳的規範」として英雄的な兵士の心意気に学べというのはいいとして、いまはそれが拡大解釈されて「告げ口」を推奨する風潮に転化されています。文化大革命の時代には「反革命分子」を摘発するために告げ口が推奨されましたが、それと同じような傾向があるとのことです。つまり「告げ口が美徳」になっているのです。

それを象徴するように、中国では「反スパイ法」が制定されて、スパイ行為の防止や阻止、処罰で国家の安全を維持することが謳われ、戦前の日本の「治安維持法」どころではない、国民を縛る法律が次々と制定され、世界に類を見ない監視国家になっています。日本人も多数が嫌疑をかけられて拘束されています。

しかもこの「反スパイ法」は2023年7月に法改正され、スパイ行為の範囲が拡大されました。国家機密だけでなく、新たに「国家の安全と利益に関わる文書、データ、資料、物品の窃取、偵察、買収、不法提供」や、中国国家職員をそそのかす活動、「国家機関、秘密に関わる機関若しくは重要情報インフラなどに対するサイバー攻撃、侵入、妨害、制御、破壊等の活動」、「敵に攻撃目標を指示すること」「その他のスパイ活動を行うこと」がスパイ行為に該当するとされ、国家安全保障機関は国民を動員してスパイ行為を阻止すること、国民個々人に対しても、その支援を行うことも制度化したのです。

これでは諸外国は、安心して対中ビジネスができません。その結果、海外からの対中投資は２０２３年1年間で90％減少しました（！）。もう中国には投資できないという感じで、劇的に減っていきました。

いかに中国といえども、海外からの資金流入が途絶えたら、景気だってよくなるはずはありません。習近平政権は、自分の首を絞めるようなそんな政策をずっと取り続けていますが、誰も彼に諫言できないのです。忠告しようものなら、たちまち失脚させられてしまいます。「いや、中国の未来は明るいです」とお追従せざるをえない。北朝鮮と同じようなものです。

コロナの下では経済より締め付けを優先させる政策への批判として「白紙運動」が起こりました。暴動が起こるのを防ぐことを配慮し、コロナ統制のコントロール解除で、一時的には民主運動が成功したような雰囲気になりました。しかし結局、ガス抜きをさせておいて、首謀者は一網打尽にしています。怖くてものが言えない社会の末路がどうなるのか、やがて世界が知るはずです。

日本はGDPでドイツを抜き返す

第2章でドイツが「メルケルの負の遺産」に苦しんでいるという話をしましたが、ドイツ以外のヨーロッパ諸国もいま、移民をたくさん受け入れて苦しんでいます。しかしこれは、リンカーンがやったように、黒人奴隷の生活水準を向上させて購買力を高め、国全体の経済発展を図るというのとは、少し違います。

ヨーロッパの場合は、ベトナムやアフリカ、イスラム圏も含めて、過去に植民地収奪を繰り返してきたので、その贖罪の意味もあります。ヨーロッパ諸国は、国内では人道主義、民主主義を掲げてきたものの、外では植民地支配で現地の人を収奪し続けてきた。だから旧植民地からの移民を受け入れざるを得ない。そういう負の遺産を清算しなければならないという意味が大きいのです。

ヨーロッパは、いま大きな岐路に立っているのではないでしょうか。今後がバラ色というわけでもないし、衰退するわけでもない。ヨーロッパの専門家でも、明確な方向性は語りにくい状態だと思います。

ひところ、「EUは崩壊する」という説が盛んでしたが、ますます成長して加盟国も増えています。

しかし同じEUでも、旧東欧と西欧とは立脚する経済状態に天と地ほどの差があります。ロシアとウクライナの戦争の結果、領土（テリトリー）を広げて成長するという、一種の錬金術のような状況が限界に達したのが、いまのヨーロッパだと思います。

ユーロ圏が拡大しているときはいいけれど、新規加入国がなくなって、もうこれ以上成長できなくなると、途端に問題が噴出するものです。

最大の懸念は、EUの中心国であるドイツ経済が混迷を極めていて、このままでは他のEU諸国を支える力を失っていく可能性でしょう。その結果、EU自体の求心力も失われかねません。

EUのもう一つの中心国、フランスはドイツの代わりになれるほどの力は持てません。フランスには工業がないのが弱点です。ワインとルイ・ヴィトンくらいで、ミラージュ戦闘機やエアバスなどに代表される航空機産業は強力ですが、EU全体を率いていくほどの力はありません。やはりドイツが元気でないと、EUは機能しないのです。

スイスは産業がありますが、EUには加盟していない。離脱したイギリスもあまり元気がない。イギリスは結局、ユーロ圏の一員であることのメリットを自ら捨ててしまったのです。EUにいるからこそ、ユーロの金融の中心であるロンドンのシティが活性化していたのです。でも離脱によって、ヨーロッパの金融拠点はロンドンのシティからフランクフルトに移ってしまった。いまは大きなマイナスのツケを払っているところです。

2024年、日本はドイツにGDPで抜かれて世界第4位に転落したと騒がれましたが、気にする必要はありません。円高デフレの時代に日本の産業競争力が大きく損なわれたことに加え、その後の円安で為替換算に伴うマイナスが加わったことが主な要因です。しかし今後を考えると、日本がまた抜き返すことはまず間違いない。これからのドイツは悪くなる一方、これからの日本はどんどんよくなるからです。

ドイツ銀行の失敗

ではドイツは、どこでつまずいてしまったのでしょうか。特に自動車メーカーは惨憺たる有様です。「アメリカはプラグマティズムの国、ドイツは理念の国」と私は考えていますが、結局、理念先行があだになったのです。

私が昔勤めていたドイツ銀行、フォルクスワーゲン、そしてメルケル首相も、みんな理念で失敗していると思うのです。

そこで、ドイツ銀行に関するエピソードをお話ししておきましょう。1990年ごろ、冷戦が終結し、世界の金融がアメリカのウォールストリートとロンドンのシティで支配されるようになりました。そこで世界の金融はインベスティメントバンキング（投資銀行・大口の個人や法人の顧客に代わって金融取り引きを行う銀行）、業務としてはM&A（企業の買収・合併）の仲介（アドバイザリー業務）や、起債、新株発行（IPO含む）など、企業の資金調達などの金融サービスを提供したり、取り引き先の財務・経営課題の解決を支援する業務が中心になるとされたのです。

イギリスのシティではマーチャートバンク（大型の債権発行による資金調達を手がける金融業者）が国際金融を中心に、株式引受、証券管理、投資銀行業務、ポートフォリオ管理、プロジェクト推進、アドバイザリーサービス、コーポレートアドバイザリー、クレジットシンジケーションなどの業務を展開していました。

この2つの拠点を経営の核に据えるという戦略で、ドイツ銀行は大戦略転換を行いました。それまでのドイツ銀行は、ドイツ国内で圧倒的なシェアを持つ金貸しで、ベンツなどの株も保有する大株主。資金は豊富ですが、昔型の商業銀行でした。

そこでドイツ銀行はどういうことをしたかというと、保有する株を全部売って、ロンドンのシティのモルガン・グレンフェルというマーチャートバンクを買って、本拠をロンドンに移したのです。また、アメリカのバンカーズ・トラストという銀行を買って、アメリカにも拠点を設け、グローバルなインベストメント・バンキングの巨大なネットワークを構築しました。

私はその社員だったのですが、２０００年代の初め、リーマンショックまでは世界でも有数のインベストメント・バンキングの旗頭になりました。ところが結局は、内部がまとまらず、アメリカで不正事実が発覚したりして猛烈なペナルティーを課されるなどの不祥事が相次ぎ、戦略は失敗に終わってしまいました。米国が独占する世界金融の中枢には入り込めなかったのです。

フォルクスワーゲンの蹉跌

フォルクスワーゲンでも似たような展開がありました。１９８０年ごろのことです。フォルクスワーゲンの戦略担当役員が私が自動車担当のアナリストをしていた大和証券にやってきて、「日本の自動車会社と提携したい」と協力を依頼してきたのです。そこでその役員と日本の自動車会社を回って、提携を打診しました。でもどこも興味を示さない。日本の自動車産業は日の出の勢いだったので、提携の必要はないというのが本音です。

唯一、スズキ自動車だけが面白そうだと手を挙げましたが、成立寸前のところで、日産が割り込んできた。フォルクスワーゲンとしては、スズキより日産のほうが大きいからと、結局日産と提携することにしたのです。なぜフォルクスワーゲンが日本メーカーとの提携を望んだのかというと、狙いは日本ではなく中国市場でした。

当時の中国の年間自動車販売台数はせいぜい2万台程度。乗用車市場は全くなく。あるのはバスとトラックだけでした。ゼロから中国市場に参入するにあたっては、日本企業と提携することが必要と考えたのでしょう。ドイツから中国に進出するというのは地理的ハンディもあります。それで結局、日産はスタンザという車種をフォルクスワーゲンに提供して、それがサンタナという車名になって、中国で一世を風靡したのです。

それが契機となりフォルクスワーゲンは、中国で圧倒的なシェアを取るようになりました。長期を見据えた戦略です。あの当時の中国に可能性を見出して、しかも日産という他人の力を利用して市場を制覇した。すごいなあと感心しました。一時は上海などのタクシーはサンタナだらけでした。

しかし結局、中国に深入りしたばっかりに、中国企業に技術はキャッチアップされ、EV車のシェアを取ろうとしても、結局はEVのバッテリーなどを中国メーカーに依存せざるを得なくなってしまいました。

ドイツの自動車メーカーは、最初はディーゼルで脱カーボンを模索したのですが、ディーゼル検査でのデータ改ざんでミソをつけ、一気にEVにシフトしたのです。その脱カーボン戦略は中国を拠点にしてEV生産体制を構築していくというものでした。

確かに中国が一番のEV先行国なので中国にコミットしたのでしょうが、中国のBYDなどの新興メーカーが力をつけ、販売台数ではテスラを凌駕して世界最大のEVメーカーになりました。そしてBYDなどの中国勢によりヨーロッパの市場さえ奪い取られるようになってしまった。ドイツにとってはとんでもない誤算です。

つまり、中国で果実を得ようと考えたものの、むしろ果実を盗まれて、自分の足元を脅かされるようになったのです。こう考えると、フォルクスワーゲンの今後は、かなり険しいと思うのです。

そもそもなぜそうなったのかというと、頭の中には、日本の自動車メーカーへの対抗意識があったのでしょう。「これで日本を出し抜ける」と思ったのもつかの間、結局「庇《ひさし》を貸して母屋《おもや》を取られて」しまったということです。

そして先に見たメルケル政権の失敗もあります。移民問題、エネルギー政策、環境対策、中国への対応、すべてが裏目に出ています。こう見てくると、いかにドイツ人の理想主義が危ういものかが、よくわかります。

長期的な視点で壮大なプランを描くところは、さすがドイツ人だと思います。しかし得てして理念倒れ、プラン倒れ……。アメリカ的な目の前の実利主義、ドイツの理想主義、どちらがいいか、一概に言えませんが、アメリカ的な、一歩一歩その場の利益を積み上げる思考法が、少なくとも資本主義経済には合致しているように思えます。

ＥＶ車、脱炭素戦略の行方

一時はヨーロッパでも２０３５年以降は内燃機関、つまりガソリン車の販売全面禁止を打ち出していましたが、最近、それを修正しました。このまま内燃機関の車をシャットアウトしてしまうと、中国車にヨーロッパ市場を奪われてしまう危機感からです。

また、このまま突き進むと、EVに不可欠なリチウム資源供給に制約が出てきたり、バッテリーの廃棄問題など、新たなサプライ上の大きな問題も出てくるので、急速なEVシフトは決して有利ではないと思い始めたということもあります。アメリカでもその論調が盛んになってきました。内燃機関車かEV車か、まだ決着がついていない。やはりどちらにも対応できるような全方位的なスタンスが望まれる局面だと思います。

そういったところで日本人としてはトヨタに頑張ってもらいたいところです。事実、ハイブリッドではまだトヨタの右に出るものはいないのです。

特にドイツが急旋回したのは、くり返しになりますが、ハイブリッドで日本に負けそうだという危機感からでした。ハイブリッドに対抗してディーゼルを武器に脱カーボン戦略を練ろうとしたけれど、排ガス不正問題やクリーンエネルギーの問題もあって、立ち行かなくなった。このままではハイブリッド市場では勝てないので、一旦原点に戻ろうと、かなり姑息なシフトを行ったのです。

EV車かハイブリッドか内燃機関車か、これはやはりルールが決めることです。世界のルールが決められたら、いかに技術力があったり、製品の品質がよくても、市場を奪われる可能性が高い。これからはむしろそれを見据えて、したたかに、上手い具合に優位な方に組み合わせていけばいいのではないかと思います。ルールメイキングと言う点では欧州勢が狡猾ですが、これからはアメリカとの強い連携が決定的にものをいうと思われます。

そういう意味で、日本はハイブリッドと内燃機関、そしてＥＶ車の全方位で進めるのが、いまの局面では最善の策ではないかと思います。最終的には日本の真面目さが勝つと私は信じていますが、そのためにはしたたかさも必要です。

韓国・台湾に未来はあるか？

アメリカの政策変化、それに伴う世界の地政学環境の変化が東アジア情勢の大枠を転換させてきたのは、すでに説明してきたとおりです。１９５０年の朝鮮戦争、東西冷戦の勃発以降の日本の急速な台頭、１９９０年冷戦終結以降の米国による日本叩きとアジアＮＩＥＳ（韓国、台湾、香港、シンガポール）のプレゼンスの急上昇、そして中国の巨大化「フランケンシュタイン化」をもたらしたのです。

実際、韓国はいまや実質賃金が日本を上回るほどまでに上昇し、世界の大国の仲間入りを伺うまでに立場を引き上げました。しかしこの韓国の台頭の裏にアメリカの日本叩きがあったことは明らかだと思われます。例えば2007年韓国の元外相潘基文《バンギブン》氏が国連の事務総長に就任しましたが、背後に日本に対抗する力として韓国を押し上げようとしたアメリカの力が働いていたのは、間違いがありません。あるいはサムソン電子がなぜ、あれほどのシェアを持つようになったのか、アメリカのインテルが日本叩きを目的に「敵の敵は味方」という論理で、サムソンを助けたからです。このことはクリス・ミラー著の『半導体戦争』に詳しく書かれています。

韓国は長年の反日教育の影響もあり日本に追いつき追い越せとばかりに、日本の技術や経済モデルを模倣してきましたが、日本のプレゼンスの引き下げに執心していたアメリカがそれを利用したとも考えられます。まさに韓国はアメリカの日本叩きによる漁夫の利を得た結果、浮かび上がりました。

しかし、最近の韓国はちょっといい気になりすぎて、アメリカにとってはいい加減手に負えなくなりつつありました。前大統領の文在寅《ムンジェイン》氏の北朝鮮に融和的かつ、中国に擦り寄る行動に「文氏が信頼できる友人だとは思えない」などの批判が強まりました。アメリカとの関係に距離を置き、南北関係はアメリカに頼らず自分たちが主導権を持って改善するべきであるとの考えです。また従軍慰安婦や徴用工問題などの歴史問題を理由に日本敵視を強め、アメリカが必要としている米日韓の共同戦略に支障が出ていました。

尹錫悦《ユンソンヨル》政権に変わってからは、再び協力体制が構築されていますが、アメリカの「日本シフト」で、韓国の一番輝かしい時代は終焉したかもしれません。今アメリカは日本から流出したハイテク産業の産業集積を日本に戻したいと願っていますし、東アジアの安定を日本を軸に考えざるを得なくなっています。

また韓国は、中国と同様に大変な少子化時代を迎えています。結局、戦後、疾風のように駆け抜けてきたツケが、そういう形で社会に噴出しています。

北朝鮮という厄介な国と正面から向き合わなければならないというハンディも抱えていて、韓国の今後は予断を許さないと思うのです。

そして台湾ですが、いうまでもなく米中対立の最前線に位置している国・地域です。中国にとって台湾は自国領土でその奪回は〝核心的利益〟です。一国二制度の約束を破って事実上共産党支配下に置いた香港と同様の将来を考えていることは疑いありませんが、それを望む台湾人はごく少数です。台湾の現状を維持できるかどうかは、米中覇権争いに決定的に重要です。

しかし中国からのミサイル攻撃や海上封鎖にさらされれば直ちに台湾の経済は干上がります。台湾に最先端半導体の7割を依存するという、今のサプライチェーンにアメリカが危機感を持っていることも明らかです。ＴＳＭＣなど台湾企業も、台湾一国生産体制は顧客の懸念を考えると維持できないはずです。台湾はこれまで築いてきた国際分業上の有利な立場を維持できなくなるかもしれません。

やはりアメリカの政策軸が、１９９０年以降20年以上にわたって続いた日本叩きから、中国敵視による日本への産業集積の回帰へと変化した今、韓国、台湾のプレゼンスも今後は相対的に低下していくのではないでしょうか。

第4章 半導体が牽引する強い日本経済

日本の半導体は〝オワコン〟ではなかった

これまでの歴史を整理しておきますと、東西冷戦の終結とともに、アメリカは日本叩きを始めた。急激な円高のせいもあって、日本の産業は地盤沈下し、代わりにアメリカの多大な助けを背景に、中国が世界の工場へと急成長。

「もう終わりだ」と思っていた日本に追い風が吹いたのが、米中対立、そして2021年の当時の菅首相の訪米です。こういう大きな政治的な変化を核にして経済や市場の変化が導き出されました。その中で、さらに鍵となるキーワードが半導体なのです。

私は多くのハイテクの専門家とも親交がありますが、これまで彼ら専門家は口を揃えて「日本の半導体は終わった」と語っていました。

先端を担った人材は解雇と定年でほぼいなくなって久しい。最先端技術も韓国・台湾に流出し、今は完全に日本からなくなってしまった。さらにスマホもPCも日本国内には半導体を使う産業が、自動車を除いて枯れている。その結果、アニマルスピリット（野心的意欲）はすっかり失われた……日本の半導体が復活するなどということはあり得ない、誰もがそう思っていたのです。

日本の半導体は、1990年には世界の半導体シェアの5割を持っていましたが、日米の半導体摩擦などによって急激にシェアを低下させ、2020年には1割以下に低下してしまいました。このように一旦終わってしまったと思われていたその日本が、突如として半導体の大きな拠点として復活しようとしているのです。

今後は経済安全保障の視点から自国内で半導体サプライチェーンを確保しようと、生産設備の自国回帰傾向がみられます。前述したように、アメリカのバイデン大統領が総額527億ドルの半導体企業支援を柱とするCHIPS法を制定し、インテルに大規模な援助を発表したのも、TSMCやサムソン電子への補助表明も、その一環と考えられるでしょう。

同時に、アメリカは日本での半導体生産を強く求めました。日本政府も起死回生を狙って、経済産業省を中心に、猛スピードで海外メーカーとの国際連携を打ち出し、TSMCなどに巨額の補助金を支援し工場建設を誘致しています。また線幅2ナノメートル以下の最先端半導体を受託生産する新会社「ラピダス」を設立しました。そのパイロットプラント建設の研究開発を担う「技術研究組合最先端半導体技術センター（LSTC）」も設立されました。LSTCにはラピダスや物質・材料研究機構（NIMS）、理化学研究所、産業技術総合研究所のほか、高エネルギー加速器研究機構、さらに主要大学として東京、東京工業、東北、筑波、名古屋、大阪、北海道の各大学が参画、オールジャパンの支援体制が構築されています。基本技術はＩＢＭが全面協力するほか、ベルギーのＩＭＥＣなど国際的研究支援が構築されています。このプロジェクトのための投資総額は５兆円に上ると報道されています。

熊本県菊陽町にＴＳＭＣ熊本工場が誕生して、地元は景気高揚で沸《わ》いています。人は足りない。土地は足りない。地価は暴騰、人件費も上がる。交通渋滞、しかもこれは菊陽町だけではなく、周辺にも伝播して、九州全体がお祭り騒ぎの状況になっています。

同じようなことが、「日の丸半導体」メーカーであるラピダスの拠点となる北海道・千歳でも、広島でも、あるいは岩手県北上でも起ころうとしています。こうした半導体ブームを果たして３年前、４年前に誰が想像できたでしょうか。

ＴＳＭＣは熊本に工場を作るということを決めたものの、建設費は１兆円を要する。ＴＳＭＣは当初、何の種もない熊本に建設するのに及び腰でした。そこで政府は半額の４７００億円を補助することに決めたのです。２０２４年２月に第１工場が完成しましたが、続いて６ナノメートルの先端半導体を生産する第２工場の建設も決まり、第３工場も視野に入っており、熊本はTSMCの最大の海外生産拠点になることはほぼ確実です。これまでに決まった投資総額は3兆4000億円、日本政府は1兆2000億円の補助を約束しています。TSMCの創業者モーリス・チャン氏は2月24日の開所式で、「熊本工場が日本の半導体産業のルネサンスになる」と発言しました。かつて米国アリゾナ工場の建設進展が不本意であることを表明し、「米国は自国での半導体生産を拡大しようとしていますが、米国には製造業の人材が既にいない。台湾製よりも50％もコストが高く、もう昔のような（半導体が強い）国に戻ることは不可能だ」（2022年4月）と述べていた事と重ね合わせると、氏の日本への期待の高さがうかがわれます。

経済合理性だけでは測れない半導体ブーム

日本の半導体自体のシェアは落ち込んでいるものの、半導体製造装置や半導体材料ではいまも日本のシェアはとても高いのです。

世界のメーカーはそれを重視していて、「製造装置や材料に強い日本と組まなければ最先端の半導体はできない」と、日本に熱い視線を送っています。

半導体製造装置の供給メーカーを国籍別にみると、アメリカが38％、日本が32％と、日米両国で断トツのシェアをキープしています。日本メーカーでは東京エレクトロン、アドバンテスト、SCREENなどが上位企業です。今後は韓国や中国もシェアを高めるでしょうが、まだまだ時間がかかります。

また半導体ウエハーなど半導体材料の市場では日本は48％を占めて圧倒的な強さを誇っています。代表的なのが半導体のシリコンウエハーで世界首位の信越化学工業です。半導体を効率的に製造するためには、こうした材料メーカー、製造装置メーカーの協力が不可欠です。そのため、この分野のシェアの高い日本の存在感が増してきているといえるわけなのです。

こうして、日本政府は日の丸半導体を復活させるために湯水のように補助金を出すようにしたのですが、この半導体ブームが、現在の株価上昇を牽引しています。

しかしこの一連の変化は経済合理性という側面だけで起こったものでないことに留意しておく必要があります。明らかにアナリストあるいはエコノミスト、学者などが分析の対象としている論理ではなく、政治の意思によって物事が起こっているのです。

そのような、地政学が情勢の根本を変えるのは往々にしてあることです。そもそも、半導体、あるいはインターネットという、いまの世界を支配している2大技術もアメリカの軍事技術から生まれたものでした。そこから生まれた半導体競争力を日本が奪った。虎の子の軍事技術を左右する競争力を奪い取った相手だから「けしからん」と、アメリカは日本叩きに走ったというわけです。これらも地政学、つまり覇権国であるアメリカの意思が引き起こしたものでした。

「半導体戦争」の真実とは

アメリカが国益を賭けて半導体を開発し、国益を理由に半導体で頭角を現した日本を叩き、そして、国益のために中国という危険地帯から日本に供給基地を移すという一連の流れは、クリス・ミラーのベストセラー『半導体戦争』で明らかにされています。

先ほど、韓国の半導体の話をしましたが、それはインテルが日本の半導体産業に脅威を感じて、「敵の敵は味方」という戦略から誕生したものです。

当時の日本の半導体の競争力の強さは圧倒的で、インテル製品はシェアを落とす一方でした。そこで裏から手を回して、韓国企業のサムソンを援助。その結果サムスンが台頭してきました。インテルはドル箱商品DRAMの開発メーカーでしたが、日本勢に押されて撤退を余儀なくされ、IBMが開発したPCの頭脳であるマイクロプロセッサー（MPU）にシフトせざるを得なくなりました。そのMPU市場でもNECがVシリーズという、より高性能で低価格の商品をぶつけてきたのです。絶体絶命の危機に瀕したインテルはロビー活動によってアメリカ政府を動かす一方、「敵の敵は味方」戦略を取り、日本メーカーを挟み撃ちにしたのです。

更に半導体製造工程で最も重要なリソグラフィー（露光工程）はニコン、キヤノンの独壇場でしたが、最先端のEUV（極端紫外線）リソグラフィー開発では日本メーカーを排除して、オランダのASMLに供給を依存することにしました。

なぜ日本が負けて韓国のサムソン、台湾のTSMCや、リソグラフィーではオランダのASMLが力をつけてきたのか、実はインテルが徹底的にサポートしたからだという裏事情が、この本に詳しく記述されています。

また、TSMCはいまは民間会社になっていますが、実は台湾が作った国策会社です。台湾政府がテキサス・インスツルメンツの技術者であったモーリス・チャンを招いて社長に据えた会社なのです。

半導体というのは、すべからく政府の力によって実現し、そしてそれが危うくなると、政府が前面に出て再構築を図るということが繰り返されてきた世界です。日本だけはそれを知らずに、アメリカに批判されて「わかりました。民間の力でやります」と民間主導にした結果、見事に敗れ去ったのです。しかし、いまや日本の政府も国益をかけて半導体を強化するという方向にシフトしました。それがいま起こっている日本復活ストーリーの、最重要な柱なのです。

半導体が起こす産業連鎖

さて、「日本政府がそんな形で投資をしてうまくいくのか」と疑問に思われる方もいると思います。うまくいかないわけがないのです。なぜなら、米中対立の決着がつくまで、また日本という国の半導体復興が成功するまで、この投資は続けられるからです。この投資に失敗したらアメリカの覇権は終了し、アメリカ経済は没落します。となるとアメリカと一蓮托生の日本にも、失敗させるわけにはいかないのです。

反対に、これが成功したら、日本に巨大な産業連鎖がもたらされます。つまりこの円安、そしてアメリカの要請によって始まった日本での半導体産業の大復活は、新しい歴史の始まりということなのです。そしてこの形が定着すれば、その後は強烈な経済合理性の好循環が働きます。

つまり「日本に投資すると儲かる。だから投資しよう」という好循環です。その結果、賃金が上がるので技術者が日本に集まる。産業がますます活性化して、さらに技術者が集まるという好循環。いま日本は、そんな歴史的な転換点にいるのです。

円安で世界の需要が日本に集まる

そして、そのためにもう一つ必要なのが「円安」です。先ほど、「アメリカが円安に誘導した」と述べましたが、その根拠は、アメリカには財務省が議会に報告する「為替報告」があり、2023年6月、その為替監視のモニター対象から日本が外れたということで明らかです。中国やマレーシア、台湾、ベトナム、ドイツなどが監視対象国になったままなのに、日本がアメリカの監視対象ではなくなったということです。日本の対米貿易黒字は全然減っていないので、日本を監視対象から外す理由はないはずなのですが、あえて外したということは、アメリカは円安を容認しているどころか、むしろそれを望んでいると考えるべきだと思います。それとほぼ軌《き》を一《いっ》にして、為替市場では円の先安観が突然定着しました。日本から米国に証券投資をする際に為替ヘッジをしますが、そのヘッジコストが大きく跳ね上がったのです。アメリカ政府の意向が働かなければ、そのような円の先安観が定着するはずはありません。

「水は高いところから低いところに流れる」という原理があります。同じように「需要」というものも、値段の高いところから低いところに流れるのです。円安というのは、日本の物価が安くなったということですから、日本に世界の需要がどっと集まる。それがいったん日本から逃げ出した半導体やハイテク工場を日本に呼び戻すための、必須の条件であることをアメリカ政府は理解しているのです。

安い日本に世界の需要が集まって、需要が活発になれば、供給も盛んになります。世界の他の地で作っていたものを日本で作るとか、海外工場を日本に呼び戻すとか、様々な形で産業がアジアの国々から日本に回帰してきます。特に自動車、１ドル１１０円の時代でさえ、日本車は世界ナンバーワン。１４０～１５０円という円安となれば、もはや日本の自動車産業に対抗できる国はどこにもなくなります。

輸入に頼っていたものを国内で生産するようになり、輸出が増加し、全体的に生産数量が増えていきます。設備投資が活発になり、ずっと凋落し続けてきた世界の生産高に占める日本のシェアは大きく底入れ反転するのです。このような底入れ反転（大底を抜けて上昇していくこと）の要因を持っている先進工業国は日本だけです。他の国にはない数量の拡大循環が日本に起きようとしているということです。

大ブーム状態のインバウンドももっと増えるはずです。これから先、日本はほとんど想像もできなかった産業立国として大復活を遂げるということが、いま見えつつあるのです。日本復活を模索するアメリカと日本に共通する「地政学的利益」、これを頭に入れておけば、今後の日本の将来が劇的に変わり得るということに納得がいくはずです。

「失われた30年」があったから日本は再生できた

日本のこのところの低迷を評して「失われた30年」、あるいは「20年」と言いますが、実はこれは「ダメだった日本を鍛えた30年」「日本を大きく再生させるための30年」だった。いわばアイドリングの期間だった、これがかねてからの私の主張です。

先ほども述べたように、１９８９年、バブル崩壊時の日本は、何をやってもうまくいかなかった。日本経済がバブル崩壊後に長期経済停滞に陥ったのは必然、避けることはできませんでした。第一の理由はアメリカの日本叩きです。技術と市場をアメリカに依存したビジネスモデルが完全に破綻したのです。

第二は日本の土地本位制による錬金術が通用しなくなったこと。そもそも企業努力とは無関係の値上がり益を、価値創造の結果と思い込み、傲慢になってバブルのツケが回ったということです。

三点目は、日本企業の経営体質がなっていなかったということです。日本企業はアメリカの技術を真似してアメリカ市場で利益を上げましたが、日本企業経営そのものに問題がありました。最大の間違いは、ガバナンス面での認識です。

日本の経営者に経営の目的を聞くと、結局、「シェアを奪う」とか、「売り上げを伸ばす」とかいう認識しかなかった。資本主義的経営には本来、投下した資本をどのぐらいの速さで大きくしていくかのプランが必要です。どのように資本の成長スピードを高め、資本を成長させて、そして資本を提供してくれた株主に報いるかを競っているのです。しかし、当時の日本企業にはその意識が全くなかった。だから贅肉体質が定着して無駄な経費が膨らみ、工場の生産現場では効率を向上することが強調されていましたが、経営全体では随所に無駄遣いがあり、全く是正されませんでした。企業経営者は土地や株のバブルの含み益という打出の小槌を持っているので、何をやっても許される時代が続きました。

結局、現在の中国と同じで、そんな高コストでガバナンス不足の企業は破綻するしかなかったのです。日本のバブル経済は潰れるべくして潰れたのです。

加えて不幸だったのは、バブルの後始末を間違えて不必要な資産価格下落を招き、本来10年、長くても20年間で終わっていた停滞を30年間も引き延ばしてしまったことです。これは資産価格を完全に無視し続けた金融政策の失敗でした。それは痛恨事です。

しかし、そんな痛みがあったからこそ、日本人は努力しました。この30年かけて日本が立ち直ることができた。そういう意味で、「失われた30年」ではなく「日本を鍛えた30年」とか「日本を再生に導いた30年」という側面を強調するべきだと思います。

日本には「オンリーワン」があふれている

アメリカ・カリフォルニア大学のウリケ・シェーデというドイツ人の女性教授が書いた

『シン・日本の経営』（日経プレミアムシリーズ）という本があります。「悲観バイアスを排す」という副題がついています。つまり日本の企業経営は過去30年でどれほどよくなったか、日本にどんなに素晴らしい経営資源があるかなどが記述されています。

ここに書いてあることは、私がずっと主張してきたことと同じです。日本はアメリカのビジネスモデルを模倣して「アズ・ナンバーワン」の地位をうかがうところまで行ったけれど、それが破綻したので、その教訓を生かして「オンリーワンにシフトしつつある」というのが彼女と私の共通の認識です。

そして日本企業は、どの分野でオンリーワンになれるかを懸命に模索した。その結果、競争がないところで優位を確立するために努力を重ねた。それがいま大きな強みになっています。

いまの日本企業には、トヨタを別格とすれば、ガリバーはありません。しかし、特定分野でのナンバーワン、言い方を変えればオンリーワンのものが揃っています。

例えば、ニューヨークのタイムズスクエアやロンドンのピカデリーサーカスの広告塔は、バブルの頃はソニー、パナソニック、東芝など日本企業ばかりでした。ところがいまは、サムソンなどに取って代わられ、日本企業の存在感は全くありません。「日本は終わった」

と思われていますが、それはなぜかというと、日本はスマホ、TV、パソコンなどコンシューマー（消費者）向けのものからことごとく撤退したからです。直に消費者に向ける製品ではなく、産業向けの中間品である材料や部品や装置など、ニッチの部分にシフトしたのです。そこで圧倒的なシェアを獲得するようになった。それがここ10年来の私の見立てです。日本企業は、以前は「デジタル（CPU）」の中枢分野で勝負していました。これはテレビであり、パソコンであり、スマホであり、半導体です。この分野で圧倒的に強かったのですが、結局アメリカに叩かれ、韓国などに真似されて、市場から姿を消さざるを得なかった。

それでどこに向かったかというと、その周辺です。例えば素材・部品・装置。コンピューターシステムであればセンサーやアクチュエーターなどインプットとアウトプットのインターフェースの分野。こういったところで日本はシェアを摑《つか》んだのです。「BtoC」（企業から顧客へ）から「BtoB」（企業から企業へ）に軸足を移した結果です。

つまり日本企業のお客さんは、もうコンシューマーではないから巨大な看板を出して宣伝する必要がないのです。ウリケ・シェーデ教授は「インテル・インサイド」という言葉を引き合いに出して「ジャパン・インサイド」と書いています。つまり、「大事な製品は何を買っても中に日本が入っている」という意味です。日本の半導体、日本の部品、日本の材料、日本の機械、日本の〝これ〟がないと物ができないし動かない、性能にも差が生じる……日本産業はそんな部品・材料・機械のオンパレードだというのです。

要するに、消費者には目に見えない中間製品ですが、最終製品の生命線を握っているもの、それがなければ機能が発揮できないというものに特化したのが日本。過去30年の苦い経験から生み出した大きなシフトなのです。半導体の製造装置産業なども、その典型的な例です。

以前、日本には大型製品において世界市場で大きなシェアを持つものがたくさんありました。ところがだんだん弱くなって、いま残っているのは自動車（世界シェア23・3％、売上高63・0兆円）くらい。代わりに、より市場規模が小さい製品の世界市場でシェア60％以上を占めるものが270にもなり、それは全製品群の30・2％に上っています。この高シェア製品の数は日本がアメリカ、中国、ドイツの中では一番多くなっています。

かつて大きな市場シェアを占めていた分野は失われましたが、ニッチの部分や半導体、工業製品の部品や材料、周辺機器の分野では、日本しかできないものがどんどん増えているのです。こうした「日本ならでは」のものの比率は、世界最大と言えます。

繰り返しますが、半導体の材料は日本が5割のシェアを持っていて、日本から供給が途絶えれば、あらゆる国が困ってしまうのです。日本には派手さはないが、そういう「ハイテク・ハード、ニッチ・トップ」という企業があふれています。それは大企業の一部門でもあるし、いま生き延びている中小企業もそうです。決して下請けではなく、独自の世界を形成している企業なのです。

これが「失われた30年」を経てたどりついた日本の劇的な強さなのです。結局、半導体では一敗血にまみれましたが、半導体製造には日本製品が欠かせないというポジションを確立するまでに復活してきたということです。

劇的に〝ムダ〟をなくした日本のシステム

それに、かつて日本独特だった流通システムが変革された点も無視できません。日本には独特の「問屋制度」がありました。かつては一次問屋、二次問屋、三次問屋まで存在し、たとえ工場出荷価格は安くても、消費者のところに届く頃には、製品はとてつもなく高くなっていました。

ところが「失われた30年」の間に、流通システムは〝一気通貫〟になりました。ユニクロは企画・計画・生産・物流・販売までのプロセスを一貫して行うビジネスモデル（SPA＝製造小売り）を世界最高水準まで極め、高い競争力を発揮しています。合織メーカーとの協業で開発した画期的な素材や、高品質な天然素材を使用したベーシックなデザインのブランドとして、世界中でシェアを拡大しています。そのビジネスモデルは世界のどこよりも効率的です。しかも材料原料まで全部カバーしてしまう。こんな形で、非効率な日本の遺物は、大方淘汰《とうた》されてきたのです。

日本のコーポレート・ガバナンスも劇的に改善しています。アベノミクスの隠れた大成果はコーポレート・ガバナンス改革でもありました。それを引き継いだ岸田さんが金融庁を動かして、日本の企業経営のDNAを作り変えることをやったのです。

バブル崩壊以降の日本の金融行政は、バブル再発を防ぎ、財務の健全性のみを重視する保守的なものでした。日本の金融庁は、できるだけ不良債権を持たないようにと指導してきました。「リスクを取るな」ということです。しかし2017年に当時の菅首相の肝入りで森信親《のぶちか》長官が就任して、方針を一八〇度変えてしまった。攻めの経営というか、「リスクを恐れるな」という姿勢です。つまり金融庁は日本の銀行を通して、企業にアニマルスピリットを植え付けることを目指したのです。

それが岸田内閣の「新しい資本主義」改革にも繋がっています。世界の投資家は大歓迎です。結局、かつて贅肉だらけでふやけていた日本企業が筋肉質の会社に転換したのです。

外国人投資家は日本の企業経営を評価している

アメリカ企業は「日本には障壁があって、海外企業の参入を許さない」とよくクレームをつけていましたが、本当に日本企業は海外に門戸を閉ざしているかというと、そんなことはありません。外国人の対日本投資残高を見ると、直接投資が46・2兆円（対日本GDP比8％）と低い一方、証券投資は458兆円（同79％）と極端な差がある。東証上場企業に限ってみても、外国人保有額は224兆円に上っています。外国人の日本株保有比率は1990年の4・7％から2022年末度の30・1％まで大きく上昇しています。つまり外国人は日本の企業経営者として日本に入ってくるのではなく、株主として入ってきているのです。

その結果、株式取引高の7割を外国人投資家が占め、まるで東証は外国人に占有されているかのような状況です。外国人がなぜ日本企業の株主となるのか、それは、日本の企業経営を信頼しているからです。信頼できなかったら自分で経営にタッチします。でも日本の企業経営を信頼するから、日本企業に資金を投じるわけです。

典型的な人物が世界の大株主、バークシャー・ハサウェーのウォーレン・バフェット氏。彼は「日本は捨てたものじゃない」と考えるから、日本の株を買うのです。

そう考えると、この「失われた30年」というのは、日本人は自ら悪いイメージでとらえていますが、実はそうじゃないと、先ほどのシェーデ教授も語っています。

何度も述べるように、その核になるのが半導体・ハイテクと観光ですが、半導体に注目するのは米中対立だけでなく、今後、半導体産業がますます発展する土壌が生まれているからです。

まず大きなのは、半導体をめぐる市場環境の劇的な変化です。先ほど「第七の大陸」の話をしましたが、いままでの半導体需要はパソコンやスマホに支えられていました。でももはや、その時代は終わったかもしれません。これからはＡＩの時代です。

ＡＩ技術は従来のパソコンやスマホとは比べものにならないくらい、複雑で高度な半導体を必要とします。ＡＩ技術の開発が進めば、半導体の需要が劇的に増えるとともに、製品の構造も大きくわってくるのです。

日本が転落する原因になったのは、結局アメリカの日本叩きにはめられたということもありますが、需要の変化についていけなかったという事情もあります。日本の半導体産業の最盛期、半導体の主な需要先はコンシューマー・エレクトロニクスと大型コンピューターのメモリーだったのです。この2つとも1990年代には下り坂に差し掛かっていたので、そのままではじり貧でした。

代わって登場した新しい半導体需要は、パソコンとスマホです。日本はこの需要分野の大転換に乗り遅れたのが凋落の一つの原因でした。結局、半導体の世代が変われば、産業の視野が大きく変化するということになります。

インテルだけでなく、韓国のサムソンが飛躍的に伸びたのは、新しい需要分野にいち早く着目したからです。今また、そういう需要の大転換の時代を迎えています。パソコンに代わってAIが主役になると、劇的に半導体の需要構造が変わります。そういう転換期なので、いままで一敗地にまみれていた日本が一気にシェアを取り戻すチャンスが出てきています。

これからの半導体は立体化が主流

今、半導体は需要分野が変わっていることとともに、半導体の構造そのものも大きく変化しています。これまでの半導体は、平面にごく微細な回路を作ることで集積度を上げ、機能（ビット）当たりの価格を下げてきたわけです。それを「ムーアの法則」と呼びますが、集積回路あたりの部品数が１・５年で2倍なるというトレンドが40年にわたって続いてきました。でもこれ以上微細にするのは不可能となったとき、限界を突破するのは立体化であり複合化です。立体化し、かつ複数のチップを複合化したものを「チップレット」というのですが、これにより長期的な機能向上のトレンドが維持できると期待されているのです。

となると、シリコンの平面を加工する技術に加えて、複雑な形で組み合わせるという「後工程」の部分が重要になります。材料や微細な加工技術への対応など、後工程では実に複雑な要素が求められます。その技術的な可能性のある国として、日本に注目が集まっています。日本はプロービング、ダイシング、ボンディング、モールディングなど後工程の製造装置に強い上に、素材では世界シェアの5割を占めており、チップレット化に求められる技術要素を世界で一番蓄積している国と言えます。

例えばTSMCは海外で唯一、日本の筑波に研究開発拠点を持っていますが、狙いは後工程なのです。サムソンが現在横浜に開発拠点を作っていますが、それも同様の目的です。

つまり、これまで述べたような地政学、日本政府の巨額な補助金という要素以外にも、こういう技術変化も日本の半導体産業復活の後押しをしそうです。

日本だけでなく、世界の半導体需要の成長率がぐっと高まりそうです。半導体産業は量産することで価格が下がり、価格低下がさらに需要のすそ野を広げるという循環が続いてきました。しかしエヌビディアの製品などのように、絶対的な不足が予想され、価格の上昇が頻発するようになりました。生産性が上がり、技術が進み、コストが低下するのに一方で値段が上がるとなれば、これは大儲けです。このように、ライフサイクルのスイートスポットに半導体が差し掛かっている可能性があります。

生成AIの主導企業オープンAIの経営者サム・アルトマン氏は「とにかく半導体が足りない、エヌビディアに半導体を供給してもらわないと技術も進まない」と語り、5~7兆ドル（過去累計半導体投資額の5~7倍）という天文学的な半導体投資が必要だとして、政府と投資家に協力を呼び掛けています。日本の巨額の半導体産業支援はグッドタイミングと言えます。

鍵は「日台産業協力」にある

世界最大の台湾半導体メーカーTSMCが熊本に進出しましたが、今後はそれを最大の海外生産拠点にする可能性が強まっています。九州と台湾がハイテク産業で連携を強めていくのです。

そもそも中国のハイテク産業の基礎を作ったのは台湾企業です。アップルのスマホはほとんど中国で生産されていますが、製造は台湾企業の鴻海（ホンハイ）、郭台銘（テリー・ゴウ）元会長が率いる大手電機メーカーで、シャープを傘下におさめています。

ホンハイ、TSMCなどの台湾のハイテク企業が、安い中国の労働力を使って、グローバルに安価な商品を提供するのが、いまの中国の発展の大本にあったのです。ところが米中対立により米国政府は企業に脱中国生産を求めています。また中国では自国企業が力をつけて台湾企業に頼らない生産体制が広がっています。台湾企業は中国を核にしたビジネスモデルを作り変える必要に迫られているのです。技術面で代替可能なモノはインドやベトナムなどに向かうでしょうが、微妙で超高度な技術が必要な場合、高い技術集約度を求めて日本に向かうほかないのです。

こうしたことの結果、台湾の対中投資が激減、2023年にはピーク比の9割の落ち込みとなり、それに代わって台湾の対日投資はぐんと増えて、2023年は2697億円と前年比46・9％の急増となったのです。シャープが鴻海の傘下に入りましたが、今度は鴻海の重要な核として、シャープもより重要な役割を果たしていくはずです。

日本の産業に「新しいつらら」ができる

日本政府が潤沢な資金を用意していることも、半導体産業復活の重要な条件です。日本の経済産業省はこれにとどまらず、政府肝煎りで、強い産業を育てようとしています。例えばJSRという半導体レジスト関連の大企業がありますが、産業再生機構がここをTOBして、他の会社と合併させようとしています。「やりすぎでは」という声もありますが、「昔とった杵柄《きねづか》」で、なりふり構わず政府主導の産業再生策を模索している。他国も同じようなことをやっているので、負けてはいられないということです。

例えば日立化成を昭和電工が買って、半導体も一緒にしてレゾナックという、新しい半導体素材メーカーを作りました。企業もさまざまな苦難を経験して、発展のためにはどこの会社でも手を組むという素直な姿勢に変わってきています。

このように日本では、５年前には誰も夢にも思わなかった変化を迎えています。普通は一度消えた炭ではもう火は起こせないのですが、まだ火種さえ残っていれば、そこに炭を入れれば、また新たに燃え上がるものです。同じように「新しいつらら」ができつつあるのです。

「産業集積」というものを考えた場合、特定の地域に産業立地が集中します。そこにしかない天然資源や地理的条件などの自然が原因になる場合もありますが、多くの場合偶然がもたらしました。なぜデトロイトが自動車産業のメッカになったのか、それは創業者ヘンリー・フォードの出生地がデトロイト郊外のディアボーンであり、そこに最初の量産工場が作られたことに由来します。なぜシリコンバレーがハイテクのメッカになったかと言えば、スタンフォード大学出身の研究者・起業家たちがそこに拠点を作ったことに始まります。一度最初の工場が作られれば、２つ目の工場を建設するのに、同じ地域が有利です。

人も関連企業も、技術、販売ネットワークも既存のものを利用できるからです。

このような産業集積の勃興は、まるでつららが一冬かけて成長する姿に似ています。つららは雨どいの特定のところにできます。それは雨どいの突起か、ゴミの付着か、その他の何らかの理由によって、最初の一滴がそこから垂れたことから始まるのです。

二滴目以降も同じポイントから滴り落ち、これが重なって、やがて巨大なつららが形成されるのです。こう考えると、つららができるためには①最初の一滴、②持続的な水滴の氷化を可能にする低温の二つが必須ということになります。

産業集積もこれと同じです。最初の一滴にあたるものが政策であり、低温の持続にあたるものが、有利な価格競争力を維持できるような「通貨安」なのです。

このように、日本再生の大きな牽引力になるつららの原型ができたのは、この30年間に地道にコツコツと努力してきたからです。半導体全体は製造できなくても「この部分はできる」「あの部分はあそこならできる」という企業がたくさんある。最大の太い幹はなくなったけれど、根っこは枯れていなかった。すると、5年後、10年後には日本は強大なハイテク王国としてまた復活するはずです。

「ビジョン」を語れるのが日本企業の強さ

さて、日経平均株価が４万円を超えたとはいえ「１９８９年のバブル期と比較して、いまは景況感がまったく伴っていない」と否定的に見る向きもあります。

しかし、それも誤りです。先に見た通り、当時のバブル景気は完全に行き詰まっており、衰退がほぼ避けられないと言っていい状況でした。アメリカ企業の猿マネのビジネスモデル、贅肉がついた高コスト体質、利益や地代といった、収益実態を伴わない不動産や株式など資産価格の上昇、資本主義的メンタリティと規律を持っていなかった経営者、土地の担保価値がすべてであった銀行融資など、そういう〝虚飾〟の結果が89年の株最高値である３万８９１５円でした。実はその時点で、日本経済に展望は全くなかったのです。

でも、今回の日経平均史上最高値の場合は全く違います。バブル期の最高値をオーバーして４万円も超えたのは、まさに「これから新しい時代が始まるぞ」という号砲と言っていい。今の日本企業の経営者の多くは企業の目的を明確に定め、物まねでない独創的なビジネスモデルを確立しています。

先ほど「バブル前の日本企業は基本的にアメリカの猿真似だった」と述べました。しかし、アメリカの日本叩きが始まり、そのビジネスモデルは崩壊し、その後、日本企業はどうしたか。オンリーワンのビジネスモデルをどんどん作ったのです。

私は、いまの日本企業のビジネスモデルには、アメリカの上を行くものがたくさんあると思います。例えばソニーです。この企業は「世界に感動を届ける」をビジネスモデルの中心に置いている。

つまり、ハイテクを駆使してものを作るとか、何かのサービスを提供するというのではなく、感動を届けるという志の高さです。つまり、人々が求めているソリューションを、企業の重要なキーワードにすえているのが特徴です。

あるいは空調メーカーのダイキン、「空気で答えを出す会社」です。世界的な急務である環境問題解決に向けて、我々にとって一番大事な空気で、人々の求めるものの答えを出す……いわば手段ではなく本質をついています。

あるいはリクルート。キャッチフレーズは「まだここにない出会い」、つまり縁を繋ぐ企業としての立ち位置です。例えばメタ（フェイスブック）の、交際相手を探すために出会いを見つけるというコンセプトに比べると、目線が高いものだと感じさせます。

企業の目的設定においてアメリカの企業を越えている日本企業がたくさんあるのです。そのような志と新しいテクノロジーが結びつき、新規サービスが可能になれば、収益の実態に反映されてくるでしょう。日本企業に対する市場の評価も、いままでとはだいぶ変わってくる可能性があると思います。これを日本企業のキャッチコピーのうまさと矮小化《わいしょうか》せず、それをテクノロジーに結びつけようとする意志を評価すべきでしょう。

最強の野球選手・大谷を育んだ日本の土壌が企業にも

それは一種の国民性かもしれません。やはり日本人の場合は、「我々はみんなに生かされている」という意識が強い。仕事でも、「このお仕事で人さまの役に立ちたい」と考えています。経済学で言えば、社会的分業はお互いに人の役に立つことで成り立っているわけですが、それが根本倫理として、あるいは生活態度として定着している国が日本だと思います。日本という国においては、基本的に人間が誠実で、みんなが納得できるビジネスモデルを作りやすい土壌があるようです。

そういう意識がない国では、例えばテクノロジーがあったとしても、それで上手に儲けてやろうとか、他を出し抜いて自分だけがよくなろうという意識が強まりやすい。「常にソリューションは全体にある」とか、「お客さまを第一に考えよう」というのは、日本に根付いた、日本的な文化の長所だと思います。日本に1000年、500年という他国に例を見ない長寿企業が多いのはその現れで、その長所が円高デフレ脱却の環境でどんどん花開きそうな雰囲気です。

例えば大谷は間違いなく世界の野球の歴史上最高の選手で、日本人の誇りです。それは彼が天性の才能だけでここまで成長できたとは思えないからです。これまでどれほどの天才アスリートが、道を誤り才能を開花できなかったか、それと大谷の違いはどこにあるかと言えば、大谷のその真っすぐの球(求)道精神です。最強の野球選手・大谷を育んだ日本の土壌を吟味してみる意義は大いにあると思います。金銭にも世間の評判や名声にも目をくれず、ひたすら野球と言う職業の完遂を求める精神は、日本がもたらしたものに違いありません。

かつてマックス・ウェーバーは資本主義が勃興する初期にあって、「経済を担ったのは神から与えられた使命〝天職〟を全うしようという、禁欲的なまでのプロテスタントの倫理で、それが歴史の窓を押し開けて資本主義の歯車を回したのだ」ということを述べました。ことをなすには一途の精神力と職業倫理が不可欠です。今のアメリカやプロスポーツの世界では、拝金主義と快楽主義がはびこり、どこまで職業への忠誠を貫くのか、怪しくなっているところが見受けられます。

大谷選手はこの点で米国の選手の中で突出しており、尊敬を集めています。そして大谷選手と同様のメンタリティを持った日本人の若き職業人はたくさんいます。今は日本の研究費が削減され研究開発で米国や中国の後塵《こうじん》を拝していても、日本人の職業倫理、エートス（生活態度）は世界一級であることは、だれしも認めるところです。鉄道時間の正確さ然り、落とし物を警察に届ける律義さ然り、チーム優先で我を抑える謙譲の精神然り。この精神があるからこそ、歴史的バブル崩壊と異常に長い経済停滞の下でも地道なビジネスモデル転換がなしえたのだと思います。高給にも釣られず、ひたすら研究道にまい進した日本の個々の現場プレーヤーの努力は、デフレ脱却の過程で開花していくでしょう。

こうした世界の最先端を行く価値観が世界に輸出できれば、世界はもっと明るく生活し易くなって行くはずだと思います。

例えばＧＡＦＡＭのようなインターネットプラットフォーマーを持つアメリカが、サイバーの世界でどんどん先に行ってソリューションを提供していると言うのですが、それは単純に言うと、「インターネットという土管ビジネス」というか「キャリアーのビジネス」でしかなく、永続性があまりあるとは思えないのです。

しかし日本企業は、それに様々な手段を講じて、いかにお客さんに満足してもらえる商品を提供するかを考えています。そういう意味で、日本のほうが汎用性のある、本質をついたビジネスモデルを持つ企業が多いのではないかと、思います。

ですから、ある技術が終わったとしても、同じ目的を別の船で提供するとか、船を乗り換えることもできます。それらも日本の強さとして、これから評価されていくのではないでしょうか。土管ビジネスは技術進化が止まると収穫逓減に転化します。しかし顧客満足を追求するビジネスモデルは収穫逓増を続けることが可能です。

「経済複雑性ランキング」にみる日本企業の優秀さ

ハーバード大学グロースラボというところが作成している「経済の複雑性・世界ランキング」（ＥＣＩ）というものがあります。実はこれでは、日本がずっと世界のナンバーワンなのです。

このランキングは、世界各国の輸出データをまとめ、産業ごとの複雑性を評価し、総合複雑性を順位付けしたものです。複雑性が高いほど高付加価値産業を有し、産業の多様化が進んでいることを示しています。

つまり日本は、とても広範で複雑な製品を作れる国だということです。例えばスマートフォンの場合なら、スマートフォンそのものだけでなく、材料や部品の大事な部分や製造機械を作っていて、その複雑で細かいものを生産させたら、日本が世界一、「あらゆる必要なものは全部日本で揃う」といった塩梅《あんばい》です。だから日本は、とても広範で高度な基盤を持つ国。これは製造業について知っている人の間では常識で、高度で専門的で、他の追随を許さない製品を生産することができる国なのです。

ちなみに2位は韓国。韓国は日本の真似をして、キャッチアップしてきています。

満を持して来るべき高成長時代に臨む企業群

いまや日本経済を代表する企業は、経団連や経済同友会などに集う、昭和時代からの銀行や重厚長大産業（鉄鋼・化学・重電・重工）、自動車、電機企業等のエリート企業群では

図表4　日米時価総額高額企業トップ20

日本

2000/1/1			2024/3/31		
	兆円	%		兆円	%
合計	**453.9**	**100.0**	**合計**	**735.2**	**100.0**
①NTTドコモ	37.6	8.3	①トヨタ自動車	61.8	6.1
②NTT	27.8	6.1	②三菱UFJフィナンシャルG	19.2	1.8
③トヨタ自動車	18.6	4.1	③東京エレクトロン	18.7	1.9
④セブンイレブン	13.5	3.0	④キーエンス	16.9	1.7
⑤ソニー	12.5	2.8	⑤ソニーグループ	16.4	1.6
⑥ソフトバンク	10.7	2.3	⑥日本電信電話	16.3	1.6
⑦富士通	9.0	2.0	⑦ファーストリテーリング	15.0	1.5
⑧三菱UFJ銀行	6.7	1.5	⑧三菱商事	14.5	1.4
⑨NTTデータ	6.6	1.5	⑨信越化学工業	13.2	1.3
⑩光通信	6.1	1.3	⑩ソフトバンクグループ	13.2	1.3
⑪パナソニック	5.8	1.3	⑪日立製作所	12.9	1.3
⑫村田製作所	5.8	1.3	⑫三井住友フィナンシャルG	11.9	1.2
⑬日立	5.5	1.2	⑬リクルートホールディングス	11.1	1.1
⑭パナソニックモバイル	5.1	1.1	⑭三井物産	10.8	1.1
⑮京セラ	5.0	1.1	⑮任天堂	10.6	1.1
⑯ローム	5.0	1.1	⑯KDDI	10.3	1.0
⑰イトーヨーカ堂	4.6	1.0	⑰伊藤忠商事	10.2	1.0
⑱武田製薬	4.5	1.0	⑱ホンダ	10.0	1.0
⑲三井住友銀行	4.4	1.0	⑲中外製薬	9.7	1.0
⑳NEC	4.0	0.9	⑳東京海上ホールディングス	9.3	0.9

アメリカ

2000/1/1			2023/12/31		
	10億ドル	%		兆ドル	%
合計	**13812.7**	**100.0**	**合計**	**49.7**	**100.0**
①マイクロソフト	601.0	4.4	①アップル	2.99	6.0
②GE	507.2	3.7	②マイクロソフト	2.79	5.6
③シスコシステムズ	355.1	2.6	③アルファベット	1.76	3.5
④ウォルマート	307.9	2.2	④アマゾン	1.57	3.2
⑤インテル	275.0	2.0	⑤エヌビディア	1.22	2.5
⑥ファイザー	235.7	1.7	⑥メタ・プラットフォームズ	0.91	1.8
⑦エクソンモービル	204.5	1.5	⑦テスラ	0.79	1.6
⑧IBM	195.6	1.4	⑧バークシャー・ハサウェイ	0.78	1.6
⑨シティグループ	192.5	1.4	⑨イーライリリー	0.55	11
⑩タイムワーナー	187.5	1.4	⑩ビザ	0.54	1.1
⑪AIG	168.2	1.2	⑪JPモルガンチェース	0.49	1.0
⑫AT&T	167.4	1.2	⑫ユナイテッドヘルス	0.49	1.0
⑬オラクル	166.3	1.2	⑬ブロードコム	0.46	0.9
⑭ホーム・デポ	162.4	1.2	⑭ウォルマート	0.42	0.8
⑮メネク	159.5	1.2	⑮マスターカード	0.40	0.8
⑯P&G	158.2	1.1	⑯エクソンモービル	0.40	0.8
⑰コカ・コーラ	157.0	1.1	⑰J&J	0.38	0.8
⑱J&J	144.2	1.0	⑱P&G	0.35	0.7
⑲ジョンソンコントロールズ	143.9	1.0	⑲ホーム・デポ	0.35	0.7
⑳DEL	143.1	1.0	⑳オラクル	0.34	0.7

注：日本の時価総額合計は東京証券取引所内国普通株式時価総額の合計、米国の時価総額合計はウィルシャー5000指数値
出所：ブルームバーグ、武者リサーチ

ありません。

ＧＡＦＡＭにも対抗できるビジネスモデルを持つ新興大企業が、日本を代表するプレイヤーになっているのです。うれしい驚きです。というのは、２０００年と２０２４年３月の「日米時価総額高額企業トップ20」（図表４）の推移をみると、急激に日本の担い手企業が変わっていることがわかります。それらは将来ＧＡＦＡＭにも匹敵する潜在力を持ってくるようになるかもしれない企業群です。

日本はアメリカと異なり、リーディングカンパニーの新陳代謝が長らく起きませんでした。しかしリーマンショックからコロナ危機を挟んだ10年あまりの間に、日本の将来を託すのに十分な資質を持つ企業群が台頭してきています。

また、トヨタ、ＮＴＴなどの伝統的大企業もビジネスモデルを大きく転換し、ＤＸ／ＡＩ時代のリード企業に変身してきています。

ＧＡＦＡＭは収穫逓増期から収穫逓減期へ

いま世界ではＧＡＦＡＭが飛ぶ鳥を落とす勢いで繁栄し、アメリカの株価もそれにより突出したパフォーマンスを続けています。それはGAFAMが支配するインターネットプラットフォーム産業が収穫逓増期にあるからです。

商品や産業は、①収穫逓増期、②収穫逓減期、③減衰期、④安定期（or絶滅期）というライフサイクルを持っています。

これをビールの飲酒量と効用の関係で考えてみましょう。最初のミニグラスでは到底満足できませんが、大ジョッキで一気に乾いたのどを潤すとき、とても大きな満足が得られます。飲めば飲むほど、最初の一杯よりも次の一杯のほうが大きな満足が得られるのです。ここまでが「収穫逓増期」です。

しかし、さらに飲み進めると徐々に快感が薄れる「限界収穫逓減期」に入ります。そしてさらに飲み進むと悪酔いが始まり、快感は不快感に変わり、ついにはビールを飲むことをやめるようになります。これが「減衰期」です。

農業の歴史を振り返ると、原始採集経済段階にあった人類が、農耕を始め飛躍的に生産力を高めた紀元前4000年以降、日本では紀元200年頃が収穫逓増期で、超過リターンが人口増と、ピラミッド、古墳などの巨大構築物をもたらしたのです。しかし古典派経済学が農業を分析の対象にした中世末期、近代初期には収穫逓減期に入り、産業革命とともに衰退期に入り、いまようやく安定期に入っています。

インターネットが一般に普及して20数年が経過しました。この間、アメリカにはグーグルやアップル、フェイスブック（メタ）、アマゾンなどの超巨大ハイテク企業GAFAMが誕生し、アメリカの株式市場は我が世の春を謳歌してきました。

しかし、その勢いもいよいよ鈍化する時期に入りつつあるのではないかというのが私の考えです。収穫逓増の時期を過ぎ、収穫逓減期に入っていくのです。

例えば音楽や動画ストリーミング（自動配信）のジャンルでは、多くの企業が参入して価格競争が起こり、収益性が悪化しています。GAFAMはインターネットとサイバーの世界で多くの利便性を開拓して圧倒的ユーザーを獲得し、その独占的強みを活用して、さまざまな外部のコンテンツメーカーを支配してきました。

しかしスマホの新モデルに追加される新機能に対しては、以前のように驚きが少なくなっています。つまり、機能の差がなくなったスマホメーカーが競争して価格が下がっていく時代に入っているということです。先ほど、「インターネットという土管ビジネス」という話をしましたが、プラットフォーマーの役割は、さまざまなコンテンツを右から左に流すだけの単なる「土管」になっていくだけなのです。

今後付加価値を生み出すのは、土管ではなく、その土管を通して提供されるコンテンツになっていくはずです。またGAFAMなどの巨大なプラットフォーマーは独占性を利用してネットアプリプロバイダーやコンテンツメーカーを買収し、コングロマリット化していますが、独占禁止法違反に問われるケースも目立っています。

フェイスブックが社名を「メタ」に変更し、メタバースと呼ばれる仮想空間の開発を強化する方針を打ち出したのは、現在のプラットフォームビジネスが収益的に厳しくなる恐れが強まってきた中で、新しい収益源をさらなるバーチャルの世界に求めたのだと思います。しかし、メタバースのような仮想空間はより臨場感を高めるでしょうが、これまでの熱狂を生み出すでしょうか。メタバースには膨大なデータ処理のためのコストが必要になるはずですが、コストパフォーマンスは低下していくのではないでしょうか。サイバーの世界のもう一つの新しいフロンティアとして、仮想通貨などブロックチェーンの世界がありますが、それはデータの分散管理が不可欠で、プラットフォーマーが支配しにくい領域でもあります。

日本の主戦場は「サイバーとフィジカルの統合」

むしろ、これから注目されるフロンティアはサイバーの世界の深掘りではなく、現実社会における課題解決に向けて、ハイテクをどう活かしていくか、ソリューションの世界だろうと思われます。

２０２２年にChat-GPTが商品化され生成ＡＩが普及期に入りました。生成はそうしたソリューション提供力を飛躍的に高める技術です。ＧＡＦＡＭ各社は成熟期入りを避けるために生成ＡＩに参入して覇を争っていますが、その成否によってはこれまでの指数関数的成長が途絶えるところが出てくるでしょう。

またＩｏＴはモノがネットワークでつながるということであり、まさにサイバーと現実との融合そのもので、こちらでも新たなソリューション提供の展望が開けるかもしれません。少し前になりますが、「SoftBank World2021」でソフトバンクグループ会長兼社長の孫正義氏が「スマートロボットの時代がやってくる」というテーマの基調講演を行いました。

ＡＩで自ら学習し、柔軟に、臨機応変に動くロボットがスマートロボットです。Chat-GPTはスマートロボットの機能を飛躍的に高めるでしょう。それは容易に労働者10人分の作業に代替できるようになるはずです。1億台、日本に導入すれば、労働人口にして10億人相当の価値創造が可能になります。これは少子超高齢社会で労働人口が減少している日本の社会課題解決に直結する可能性が高いものと思います。

そして、このスマートロボットに必要な要素技術は、頭脳部分のＡＩとともに目や耳となる各種センサーと、スムーズな動作を可能にするアクチュエーターです。日本はこれらの要素技術において世界最強のプレイヤーを擁しています。このようにサイバーとフィジカルを組み合わせた「サイバー・フィジカル・インターフェイス」時代の世界トップクラスのプレイヤーの位置にある日本企業は、時価総額ランキング上位30社中16社と半分を占めています。

高い成長が期待できる各分野で世界トップシェアを持つ日本企業は、すでに勢ぞろいしているのです。これらが正当に評価され悲観ムードが一掃されることで、まだ異常に割安の日本の株式市場は大きく変化していくものと期待されます。

ＡＩの中核半導体での世界的プレイヤーである東京エレクトロン（２０２４年3月末時点

での時価総額ランキング3位)、信越化学(同9位)、ディスコ(同29位)、HOYA(同28位)、センサーの覇者ともいうべきソニー(同5位)、キーエンス(同4位)、デンソー(同23位)、世界一の高性能部品の村田製作所(同34位)、DX/GXの総合プレイヤー日立製作所(同11位)、NTT(同位6)、KDDI(同16位)三菱電機(同位36位)、ダイキン(同30位)、EV・HV自動車のトヨタ(同1位)、ホンダ(同18位)、ゲームの任天堂(同15位)などです。

このカテゴリーに入っていない成長企業グループはアパレルの革命児柳井正氏率いるファーストリテイリング(同7位)、日本が擁する情報革命時代の世界最強の資本家・孫正義氏のソフトバンクグループ(同10位)、フェイスブックが登場するよりもはるか前から出会いを仲立ちするマッチングビジネスを極め続けてきたリクルート(同13位)。

そのほかNEXT GAFAMの資格を持つビジネスモデルを確立したグローバルプレイヤーが揃っています。ウォーレン・バフェットが注目した日本特有の投資銀行である商社、三菱商事(同8位)、三井物産(14位)、伊藤忠商事(17位)が30位以内にランク入りしています。

その他のトップ30社は医薬品3社(中外製薬、第一三共、武田薬品)、銀行・金融4社(三菱UFJFHグループ、三井住友FHグループ、東京海上ホールディング、みずほFHグループ)、オリエンタルランド、ＪＴです。

このように見ていくと、すでに大半の日本の大企業が成長戦略を完全に整え、満を持して外部環境の好転に臨む体制を整備していることがわかります。

観光業が日本の基幹産業になる日

先ほど、円安がいろいろなものの起点になっていると話しましたが、その恩恵を最大に受けているのが観光業です。「オーバーツーリズム」という副作用はありますが、それは供給力増で対応できます。

このまま進むと、観光産業はおそらく日本最大の基幹産業になってくることはほぼ確かでしょう。それはなぜかというと、日本人の生き方そのものが商品になっているからだと思います。日本の伝統的、歴史的な遺産、素晴らしい自然、歴史的建造物、文化やおもてなしのホスピタリティ、多彩で繊細な料理、あるいは相手を尊重する人間関係など、日本人が持つすべてのものが日本の売り物になっているわけです。

外国人観光客は一度日本に来て、日本人との生活空間を共有すると、たちまち日本のとりこになります。それは、日本という国の優れた美徳や長所を、世界の人々が感じ始めたからだと思います。「やっぱり日本は違う。どこにもない文化がある。人間関係がすごく優しくて心ゆくまでお互いを尊重できる。自然も素晴らしい」……こういったものは、やっぱり日本にしかないものなのです。

世界中、あらゆるところに旅行してみると、やはり日本がいいと、つくづく思い知らされることが多いはずです。おちおち安心して街も歩けないというのが世界中で当たり前になる中で、日本ほど安全で快適な国はない。「しかもこのお値段で……」ということです。日本の観光業の未来は「明るい」の一言です。

第5章

この大相場を資産作りに活用しよう

株価4万円超えは遅すぎた！

日経平均株価は史上最高値を更新し、ついに4万円超え。ようやくデフレ脱却と日本復活が見えてきました。

10年前から、私は「株価は4万円を突破し、さらに上がる」と予想しましたが、当時は誰も信用しませんでした。でも実際に数字が実現したことで、周りもようやく楽観シナリオを信じるようになってきました。

本当はもっと前から4万円台になっていてもおかしくはなかったのです。企業利益などの必要条件はすでに整っていたのですから、4万円は遅すぎたくらいです。

アベノミクスの成果により、企業収益が過去最高を更新し続けました。2000年度の企業の経常利益は35・9兆円で、その後十数年、40兆円前後で足踏みが続いていたのです。それがアベノミクス効果で一気に増加し、2022年度には95・2兆円までになった。

また、日本企業の経常利益率は高度経済成長期でもせいぜい4％程度でしたが、アベノミクス以降急上昇し、いまは9％に達しています。自社株買いも大きく増加しています（約

9兆円）。

１９８９年のバブル期に史上最高値を更新したときは、ＰＥＲ（株価収益率）は70倍（＝益回り１・４％）、「ＰＢＲ」（株価純資産倍率）は５・４倍と異常な高水準でした。日本株の割高さはバブル崩壊後も、10年間続きました。２０００年には日経平均株価は高値の２分の１以下まで下落しましたが、企業利益も大幅な減益が続き、ＰＥＲは50倍（＝益回り２％）とほぼ国債利回りと同等で依然割高感が残っていたのです。

それがいまは４万円台になりました。バブル時と同じ４万円に戻りましたが、でも状況は以前とは全く違います。下げすぎていた株価がようやく適正価格に近づいただけで、まだ割安状態から抜け出していないのです。つまりかつての「見せかけの４万円」と「これでもまだ実力以下の４万円」の違いがあります。真の実力は後で説明しますが、４万円どころではないのです。

いま日本株を持たざるリスク

今年に入っての株価急騰は東証の「ＰＢＲ１倍割れ改革」などの政策面での支援も大き

いと思います。PBRは株価純資産倍率と言い、株価が1株当たり純資産の何倍なのかを表した指標です。これが1倍を割れているということは「株価が安すぎて企業の帳簿上の資産価値よりも低い」状態にある、ならば「上場を維持するよりも、すぐに会社を解散して資産を株主で分けたほうがいい」ことを意味するのです。東証はこうした企業に警告を発して、改善努力を求めました。

海外の多くの投資家は、日本という国はこれまで、異質で、資本の論理が通用しない国だと主張してきました。それが安倍政権の時のコーポレッド・ガバナンス改革から始まって、企業利益の急増、それを受けての岸田政権の新しい資本主義政策で、「貯蓄から投資へ」と一気に流れを変えたのです。

少し前まで、企業に対してガバナンスの向上を求めたり、株主への配分増強を要求したり、自社株買いをすることで株価を上昇させることを要求してきたのは外国のアクティビストと言われる投資ファンド、いわゆる「ハゲタカファンド」でした。

「PBRを高めよ」とは、「株価に責任を持て」と言うことに等しく、これまで「日本市場には邪魔」と敵視されてきたハゲタカファンドの主張そのものです。彼らは企業経営者の怠慢によって株価が不当に低い企業を探し出し、経営改善を求めます、また企業がアドバイスに従わなければ企業買収を仕掛けて経営者に対峙します。どちらにしても株価が上がり、彼らは投資利益を得るのです。

そのようなハゲタカの主張に日本の金融庁や東証が同調するということは、世界の投資家にとってはうれしい驚きでした。それもあって、長らく世界の関心外だった日本株に、世界の投資家が注目するようになったのです。

今後日本企業はため込んでいる内部留保を配当や自社株買いで株主に還元することを求められるでしょう。それは株価を押し上げ、ＰＢＲも高めます。アメリカの企業は利益の８割以上を株主に還元しており、それが株高とＰＢＲの上昇をもたらしました。それに対して日本企業の株主還元は４割に過ぎず、まだまだ日本企業は株価を押し上げる余地を多く残しているのです。

ただ、専門家はともかく、一般投資者の目からみれば、「急激に上がりすぎたのじゃないか」という観測もあります。いままでそれほど強気でなかった人は、「やっぱり上がりすぎだから、そろそろ利益を確定したほうがいいか」と考えるのは無理もないでしょう。ただ先ほども述べたように、もともと日本の株はファンダメンタルズの価値、つまり稼ぐ力（利益）に比べると驚くほど安かったのです。これが是正されるのは、歴史的なトレンドだと考えられます。

私だけではなく、多くの人がそのように思えば、突如として、株を持たざるリスクを感じざるを得なくなるはずです。よく「隣の芝生」という言い方をしますけど、隣の芝生が青く見えてきたら、もういても立ってもいられない……そういう雰囲気が出てきているのではないかと思います。

貯金と投資では、10年後に大きな差

前にも述べましたが、アベノミクスの政策を主張していた安倍晋三氏が総選挙に勝利して2度目の首相就任をした2012年12月16日の日経平均株価は9828円でした。それがいまはもう4万円を超え4倍になっているわけです。それに加えて年間配当がほぼ2％支払われ続けたわけですから、10年後の財産価値は4・7倍になっていると計算されます。10年前に100万円の預金を選んだ人は10年後の今もほぼ100万円、それに対して日本株のインデックス投資を選んだ人は470万円になっているのです。財産形成の極端な格差は一目瞭然です。これに人々が気づいて、泡をくって動き始めているというのが現状だ

と思います。国内の個人投資家も年金も、外国人投資家も、自社株買いをする企業もほぼ全員が、「バスに乗り遅れたら大変だ」とばかりに、日本株に向かって走り始めるでしょう。もし、みんなが「買いたいのだけれど、売り手は多くない。売ったらバカを見る」という状態になったら、この先は大きな「踏み上げ相場」になる可能性が高い。そんな歴史的な大相場がもう始まったことは間違いないでしょう。

では、合理的に見てどれくらいのレベルまでだったら買っていいのでしょうか。そのめどを考えてみましょう。

最も一般的に使われている株価尺度は、ＰＥＲつまり株価収益率で、株価が利益の何倍にあるかの比率を目安としています。過去10年間の平均ＰＥＲの値は15～16倍でしたのでこれがが目安になります。16倍以上だったら割高、14倍以下だったら割安というわけです。２０２３年度のＥＰＳ（一株利益）を２５００円と見れば、15倍なら3万７５００円、16倍なら4万円が妥当と言うことになります。ただし歴史的に振り返れば、ＰＥＲが10倍の時代もあれば20倍が当たり前だと皆が思っていた時もありました。そして今後どのＰＥＲレベルが妥当になるのかを予想することが株価予想の鍵になります。

「イールドスプレッド」を観測しよう

つきつめれば、株価は①金利、②利益、③人気の三つの要素によって決まります。この3つの関係がどのように推移してきたか、日本の場合はデータが揃う1967年以降、アメリカの場合は1900年以降の歴史を振り返って検証してみると、概ね以下のようなことがわかります。

株価＝利益要素×金利要素×人気要素
＝1株利益×PER
＝1株利益÷（金利＋イールドスプレッド）

まず金利と利益の関係ですが、長期的に見るとPERの逆数である株式益回り（予想1株利益÷株価）と長期国債利回り（利息÷債券価格）がイコールになるというレベルが適正株価の基本線になります。これはかつてFRB（連邦準備制度理事会）が株価の適正度を測るモデルとして提案したものです。長期国債利回りが５％なら益回りも５％、ＰＥＲは20倍が適正ということです。でも実際の株価はこの基本線から乖離しますが、その乖離が人気要素なのです。基本線よりも益回りが低ければ（＝ＰＥＲが高ければ）株式人気がプラスで割高、基本線よりも益回りが高ければ人気要素がマイナスでその分割安と考えるわけです。株式益回りと国債利回り（10年国債利回り）の差が「イールドスプレッド」と呼ばれますが、これが人気度を測る目安なのです。

実は日本企業は利益を大幅に上げていて、かつ金利は下がった状態が続いています。したがって適正価格はもっと大きく上がっていいはずなのに、あまり変動しなかった。それはこの間、人気の要素がむしろ大幅なマイナスだったからです。

バブル期までの日本を振り返ると、株式人気が過熱してイールドスプレッドの大幅なマイナスが長らく続いていました。株式のリターン（利益）が金利よりも低いのに株が買われている状態だったのです。

しかし２０００年にＩＴバブルが弾けて以降、このイールドスプレッドが日本でもアメリカでも、ワニの口を開けたように大きく拡大しました。私は２００７年に上梓した『新帝国主義論』（東洋経済新報社）でこの奇妙な現象を指摘したのですが、当時は、その理由はよくわかりませんでした。ともかく、金利が下がったのに株価が上がらず益回りは高いままでしたから人気度が低下し、株価の割安度が高まっていたのです。一般にバブルが弾け、人々が慎重になるとイールドスプレッドが大幅なプラスになります。株式のリターンが金利より大幅に高くなっても誰も株に見向きもしない状態になります。

では、いまの日米株式市場はどうなっているかというと、アメリカは国債の利回り（金利）と株の益回り（利益）がともに4～5％でほぼイコールになっており、バブルではないものの、バブルに近い過熱気味の状態にあります。

ところが日本は金利が1％以下と低いのに、株式の益回りは6％と極めて高く、イールドスプレッドは大幅なプラスです。これは日経平均が史上最高値を更新してもなお、人気要素は著しく悲観的で、日本株の割安さはまったく変わっていないことを示しています。2000年からもう20年以上、この状態が続いています。したがって今後、この著しく慎重な投資家の姿勢が積極化し、人気要素が改善すれば、大幅な株価上昇が当然視されていくものと見られます。

もしも数年後に人気要素のマイナス面が完全になくなり、イールドスプレッドが今のアメリカのようにゼロになったとします。その時には日本国債利回りは3％程度まで上昇しているかもしれません。とすれば益回り3％、PERは33倍が妥当となり、一株当たり利益が今のままでも、日経平均株価は8万円が適正という評価になります。加えて国債利回りが3％になっているという環境ではデフレを脱却して利益も相当増えているでしょうから、日経平均は軽く10万円を超えていくということが容易に想像できます。

日本の株価はもっともっと上がっても全くおかしくないのです。いまはまだ投資家は過去のトラウマに縛られ、心理が後ろ向きで日本の将来を悲観的に見ています。しかし今回の日経平均史上最高値をきっかけに、投資家心理が積極的になってくるはずです。

米国型株式資本主義の時代が来る

まだここから日本株が2倍以上になる可能性を秘めているのであれば、日本株を日本人が買わない手はありません。ところが日本人は株をあまり持っていないのです。

次ページの図表5は、日本とアメリカの家計の金融資産（年金と保険の準備金を除く）の配分を示したものです。

日本の場合にはなんと73・4％が現金・預金にあずけられています。いまはこれに対す

図表5　日米家計の資産配分比較

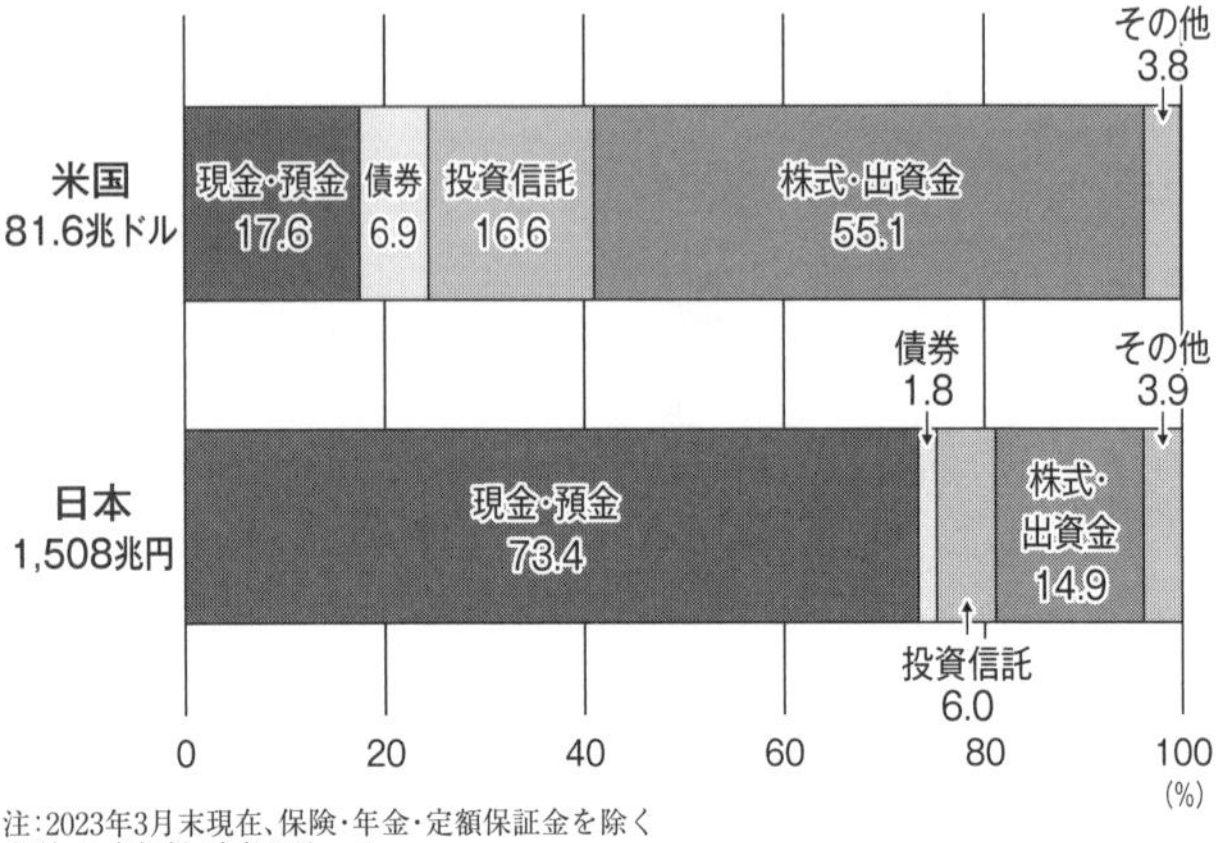

注：2023年3月末現在、保険・年金・定額保証金を除く
出所：日本銀行、武者リサーチ

る利息はほとんどゼロです。しかし配当だけで2％のリターンがあり大幅な値上がりが期待できる株式投資は14・9％、投資信託を含めてもたったの20・9％です。

しかし、アメリカ人は逆に現金・預金は17・6％、株式投資と投資信託を合わせると71・7％にものぼるのです。この株式投資の比率がとても高いアメリカの家計は、株価がリーマンショック以降の13年間で7倍になったことにより、資産が大きく膨らみました。それがアメリカ経済の活力を支えている一番大きなエンジンになっています。

２００９年にはアメリカの家計の純資産が59兆ドルだったのが、２０２３年末に

１５６兆ドルへと97兆ドルも増加しましたがそれは、ＧＤＰの３・６倍に相当する膨大なものです。驚くほど家計が豊かになったので、アメリカ人は旺盛な消費を続けているという現象が、いま起こっているのです。

第3章でみたようにアメリカの企業は利益の大半を株式市場に還元し、それが株価上昇を通してアメリカ経済の推進力になっている構図です。アメリカの金融の中心は今や株式市場になっていて、株価が上がり、その恩恵を消費者が受けているということです。いうまでもなく、家計が株を買うから、その資金が企業に回り、企業発展を助けて、その恩恵が家計に戻ってくるというわけです。

日本も、日経平均株価はこの10年で4倍になりました。平均配当の2％を加味すると10年間で4・7倍になった計算です。ここはタラレバで考えてみます。日本の家計がもし10年前からアメリカ並みに家計保有の金融資産の7割を株式・投信投資に回していたとすれば、７５４兆円が追加的に株投信に投資され、10年後には３５４４兆円に増価していたはずです。値上がり益は２７９０兆円となり、それは日本のＧＤＰの４・7倍に相当する巨額なものです。仮定ではありますが、株式投資に対する向き合い方によってこれほどの富の形成に差が出るのだということを、ぜひ知ってほしいものです。

今からでも遅くはありません。日本でも、家計がもっと積極的に企業に投資をしていけば、日本経済はますます成長のエンジンが回転するはずです。そうすれば日本もアメリカのような飛躍的な経済の好順環に入ることが期待できます。日本の場合には、企業が株主に還元する率は、いま40%くらいです。アメリカはこの還元率が80%から100%ですから、日本企業ももっと株主に還元すべきです。すると家計はもっと積極的に株式投資をするようになると思います。

資産運用で運命が変わる

日本の家計資産配分はこれまで極めて非理性的でした。しかしあまり賢くはないやり方だということに多くの人々が気付き始めて、「これは大変だ、いつまでも現金・預金を持っている場合じゃない」と思い始めたようです。

いま日本はようやくデフレを脱却しましたが、デフレのときには現金を持っていればそのまま価値が上がりますが、インフレになったらどんどん価値が下がるわけです。そういう状況の下で、財産の4分の3を現金・預金で持っていること、これはどうなのかと、皆さんが思い始めたのです。

さて重要なことは、先に示した極端な財産形成の格差は個々人の判断一つで生まれるということです。

一生懸命に働いて稼ぐのと同様に、資産運用における知恵の出し方により、人々の運命が変わってしまう時代なのです。

そしてどのように判断するかという根拠は、これまで述べてきたような歴史的な洞察と筋道を立てた道理で、人々が自分で極めなければいけません。自分で極めなければ自信をもって投資できないので、成果は期待できないでしょう。本書で縷々述べてきた歴史的洞察が、投資をする方々にも必要な時代に入ってきたということです。

いま明るいのは日本のマーケットだけ

では、２０２４年の市場動向はどうなるか。４万円を超えたら足取りが軽くなって、あと10年も経てば10万円を超えるというような長期上昇相場が、ほぼ見えてくるはずです。

すでに述べたように、「日本株が割安」であることは、日本人以上に海外投資家がよく知っています。「いつまで経っても利息ゼロ」の現金・預金から、リターンが期待できる株式投資に資金が流れるのは自明の理です。

日本国内の個人だけではなく、機関投資家も外国人ファンドも、日本株を持たないリスクと、それを持つメリットを感じ始めています。それに乗り遅れないように、いつ行動に移すかだと思います。

それを感じて、外国人も日本人も株を保有する、それで経済も好循環を生み、ますます日本が強くなっていくというのが２０２４年です。

世界を見渡して、これほど豊かな可能性があるのは日本株式だけです。アメリカは市場最高の好景気ですが、株価はもう割安ではありません。ヨーロッパや中国は構造的な困難に直面しています。

いま明るいのは日本だけなのです。それは次の時代が日本の時代だからです。ロシアのウクライナ侵攻、米中対立という国際状況を踏まえ、米欧や中国人の日本株投資が加速した。むしろ、これから株価はもっと上昇機運を強めていくでしょう。

4万円はポイント・オブ・ノーリターン

まさに日本株は「超長期上昇サイクル」に突入したと言っても過言ではありません。

私自身は10年後に10万円という予測ですが、2013年にアベノミクスが始まった時の株価は約1万円。今は4万円ですから、10年で4倍になりました。年率で見れば15％ですが、世界の平均的な株価上昇はこれまで年率10％程度でした。この年率10％上昇を前提とすれば、10年後10万円という答えが出てくる。私の予測は大胆でもなんでもない。

ただ一方で、この株価上昇は長続きしないと予測する識者もいます。株価が下落する条件として以下の三つが考えられます。「インフレで金利が急騰」「国家財政の破綻」「大不況で企業収益が大幅減益」。しかし、これらの要因によって投資家心理が冷え込むという、そんなネガティブシナリオが実現する可能性は極めて低いと、私は思っています。

確かに過去、株価が2万円台に入りましたが、その後、チャイナショックがあり、一時期、株価は1万5000円を割ってしまい、底打ち後、上昇に転換して2万円台に戻ったのは2017年でした。3万円台に乗ったときも同じような動きを見せています。202

1年2月にはじめて3万円台になり、そこから半年間、狭い範囲でもみ合っていましたが、2022年初頭、アメリカの金融引き締めでアメリカ株が一気に下落、日本株も2万5000円台まで落ちました。3万円台に戻ったのが2022年5月です。もしかしたら、今回も同じように4万円を挟んで停滞する時間帯があると考えている専門家も多いです。しかし今回の足取りは軽いと思います。ここまで書いてきた通り日本株が上がらない理由を見つけることが極めて困難だからです。そしてほとんどの日本人は株を持たざるリスクを抱えており、今にも動き出さざるをえない環境なのです。

ウォール街に「FOMO」と言う言い回しがあります。Fear of Missing outの略で、取り残されることに対する不安を意味しています。今の日本株式市場はまさにそのような状態に入りつつあります。日本株のばかげているほどの割安さにようやく人々は気づき、「日本株を持たざるリスク」を真剣に考えるようになりました。

1、外国人投資家は昨年来世界主要市場で最も値上がりした日本株比率を高めようと焦っています。

2、個人投資家はNISA改革が始まり投資ブームが起きています。

3、企業はPBR1倍以下の是正を求める金融庁、東証に押されて自社株買いに走っています。

4、年金など機関投資家は今まで一番多く保有していた日本国債投資がインフレ定着、金利上昇の下でマイナスのリターンになることが見えてきて、慌てて日本国債投資比率を引き下げ、株式シフトを余儀なくされています。このように、全ての投資主体が日本株に向かってラッシュし始めているのが今の日本株式市場です。

株価が安くなったところではすかさず買うべきです。これほどの待機資金がチャンスを待ち構えているのですから、安値は長くは続かないと思います。そして一度動き出せば、二度と今の安値に株価が戻ってくることはないでしょう。多少の調整があっても、日経平均4万円はポイント・オブ・ノー・リターンなのです。

本格的賃金上昇時代が始まる

翻って日本を再点検した場合、岸田政権の経済政策は決して悪くありません。岸田首相が就任した当初は、金融所得課税（投資信託、株式、預金などの金融商品から得た所得にかかる税金のこと）を課すと言って株価が一割ほど急落したこともありました。そのため、岸田首相の経済政策は市場にとってマイナス要因と思われましたが、その政策を一八〇度転換しました。

岸田首相が提唱した「新しい資本主義」も、当初は分配を重視しアベノミクスを否定することから始まっていましたが、いまや看板をかけ替えた「アベノミクス」です。

アベノミクスでは「コーポレート・ガバナンス（企業統治）」改革が推し進められました。これは企業の社長に監督者を据《す》え、社長が好き勝手に経営できないように監視するものです。監督者は株主を中心としたステークホルダー（利害関係者）。さらに岸田政権で基準を満たしていない企業に対してはペナルティを与えるという、実践的な仕組みを作った事は株式市場にとって嬉しい驚きでした。

さて、バブル期以上の株価をつけながら、現在の景況感がさほど高くないのは、物価高が背景にあるという批判があります。

2023年の賃金上昇率は3・76％と30年ぶりの高さとなりましたが、物価高により実質賃金はマイナスで、生活実感は全く改善されなかった。物価高の原因が円安で「岸田政権は通貨政策・為替政策に関して円安を放置しすぎている」という声もあります。確かに、実質所得がマイナスのままでは、せっかく活気付いた内需を殺してしまいます。

しかし世界的物価上昇の理由は、ウクライナ戦争によるエネルギー価格上昇とサプライチェーンの混乱ですが、その二大インフレ要因は、欧米でも日本でも鎮静化しつつあり、物価上昇率は欧米でも日本でも下落傾向にあります。サプライチェーンを日本に戻すために進行している円安を、インフレ懸念と言う理由で転換させることは得策とは言えません。今は投機によって高まっている円安圧力は日本の景況感の改善と米国景気のスローダウンでいずれ沈静化していくでしょう。１５０円台後半がドル円のピークになるのではないでしょうか。為替の物価に与える悪影響は一過性のものと考えられます。

加えて２０２４年は昨年をさらに上回る５％を超える賃金上昇が進むので、実質賃金が上昇に転じ、消費が上向くのは時間の問題と考えられます。

円安は確かに日本人の対外購買力を弱めます。海外旅行にも行きにくく、外国製品が値上げされるので、日本が何か弱くなったような印象を与えます。また円安の結果、２０２３年度はＧＤＰでドイツに抜かれて、日本は世界第４位になりました。それらを非難する声があることは確かですが、それは余りにも近視眼的見方です。

円安には二つの決定的メリットがあります。第一に世界の需要が、物価が安くなった日本に集中するということ。日本は外需を獲得することによって成長力を高めることができます。

第二に日本の価格引き上げ圧力を高め、デフレ脱却を確かなものとすることができる。現在の国際的経済関係は相互依存です。各国は国際分業の中で有利な産業に特化しようとしている。世界各国は需要の〝分捕り合戦〟をしていますが、通貨が安いのは世界の需要を取り込むためには実に都合がいい環境です。円安水準で通貨が安定すれば、日本に対する経済活動が製造業やインバウンドを含めて活発化することは確実です。加えて円安は日本の賃金状況に上昇圧力を与えます。

いまのままの賃金水準だったら、日本のエンジニアはみな海外企業に移ってしまいます。国際水準からすると日本の賃金は異様に安く、ワーキングホリデーで海外に〝出稼ぎ〟に行く人が急増しているとも報じられています。

しかし、このまま社員の賃金を上げなければ、公正取引委員会の介入を受ける可能性もあるので、企業も賃金引き上げに転換せざるを得ないでしょう。最初に先端産業のエンジニアや支払い能力のある大企業が突出して賃金引き上げに転じ、次にその賃金上昇が日本企業全体に伝播《でんぱ》していくという過程に入るでしょう。これからは円安のプラス効果が目に見える局面に入るので悲観することは決してありません。

更に日本は国内に産業基盤もあり、貯蓄も十分ありますから、円の暴落が発生する事態にはまずならない。日本のファンダメンタルズはとても強いのです。

日銀の金融政策転換はどうなる？

日銀はようやく重い腰を上げて、マイナス金利の解除、異次元の金融緩和政策とＹＣＣ（イールドカーブコントロール）解除に一気に踏み切りました。しかしすでに前総裁・黒田東彦《はるひこ》さんは２０２２年12月の時点で事実上の利上げを実施し、スムーズな出口への道を準備しており、植田和男日銀総裁もそれを踏襲したのです。「異次元金融緩和やＹＣＣは禁じ手だ、出口で大混乱が待っている」と喧伝していた反対派エコノミストは、このスムーズな政策の成功を前に反省するべきでしょう。

しかしいまは急激な円安は止まり、輸入物価の上昇は一巡しています。むしろＪカーブ効果の後半の局面に入り、数量景気が設備投資やインバウンドで起き始めています。この円安水準をキープするべきでしょう。

日本の財政赤字は心配ご無用！

ところで、日本経済の先行きに関連してメディアやエコノミストから「日本の巨額財政赤字が問題だ」と指摘する意見があります。

しかし私は、かねてから「その指摘は針小棒大である」と主張してきました。図表6をごらんください。日本政府の借金は郵政を除いて1514兆円、GDP比258％で世界最大だと、借金の絶対額だけを見て問題視されています。しかしこの借金のかなりの部分は、反対側に資産を持っているのです。

例えば日本政府は政策運営に必要ないアメリカ国債を120兆円以上保有していますが、これは借金と両建てになっています。年金も国民からの預かり金120兆円に対してGPIF（年金積立金管理運用独立行政法人）の運用益を含めると200兆円規模の資産があるのです。さらに日本の高速道路は有料で安定的に収入が得られる資産ですが、その建設のための借金なども債務に入っています。

つまり、政府保有の潤沢な資産を差し引いた純借金は571兆円でGDP比100％弱、

図表6　日本政府統合バランスシート

（単位：兆円）

	FY2021	FY2022		
		日本郵政連結（試算額）	日本政府	日本郵政以外の前年比増減
＜　資　産　の　部　＞				
現金・預金	166.3	153.5	86.3	-18.6
有価証券	440.2	463.8	353 7	+22.4
うち外貨証券	117.9	-	122.7	-
うちGPIF（売買目的）運用資産	186.2	-	196.6	-
貸付金	166.3	167 7	161.6	+0.3
有形固定資産	280.2	282 8	280.1	+2.6
うち国有財産	69.5	-	69.4	-
うち公共用財産	199.7	-	202.4	-
出資金	19.3	21.2	22.3	+1.5
その他	48.7	54.7	38.8	+5.2
資　産　合　計	1,121.0	1,143.7	942.8	+13.3
資　産・負　債　差　額	540.3	560.8	571.6	+19.3

	FY2021	FY2022		
		日本郵政連結（試算額）	日本政府	日本郵政以外の前年比増減
＜　負　債　の　部　＞				
政府短期証券	92.8	88.2	88.3	-4.5
公債	986.9	1,018.4	1,103.1	+29.8
独立行政法人等債券	57.6	57.2	63.9	-0.6
借入金	40.4	42.8	42.3	-0.3
預託金	2.2	1.9	1.9	-0.4
郵便預金	187.9	191.7	0.6	-0.1
責任準備金	90.0	85.3	28.8	+0.5
公的年金預り金	126.0	126.7	126.7	+0.6
その他	77.4	92.5	58.8	+7.5
負　債　合　計	1,661.2	1,704.5	1,514.3	+32.5

世界的に見てもそれほど高い水準とは言えないのです。また日本財政の歳入に占める借金の比率、国債依存度が31・1％で「主要国中最悪」と財務省は言うのですがこれも誇張です。借金（＝国債発行額）35・6兆円のうち16・7兆円は借金返済分（国債償還分）で、それを除く18・9兆円が真の借金なので、真の国債依存度は19・4％、対GDP比は3・4％とG7諸国の平均並みなのです。

そもそも日本は家計と企業部門に膨大な貯蓄余剰があるので、国が借金をして需要を作り、それで循環が保たれている国です。もし財政の寄与がなければ需要不足に陥り、もっとひどいデフレになっていたはずなのです。

また、世界では最近、このような財政出動に肯定的意見が強まっています。前にも述べたように、アメリカではジャネット・イエレン財務長官が主唱する高圧経済論が実践され、他の主要国とは比べようもない躊躇なき大規模な財政支出が、アメリカ経済の好調さを支えています。

その一方でドイツは、連邦憲法裁判所が「財政赤字はGDP比0・35％以下」という憲法規定をタテに、財政支出を制限しましたが、それが経済運営の足かせになっています。日本もドイツのようにならないという注意が必要です。

政府の財政支出余力をより正しく表す「政府利払い費」の対ＧＤＰ比では、日本は世界最低水準なのです。いまは財政支出を抑えるのではなく、むしろ、なおいっそうの財政支出と減税が適切な情勢です。

まずは「インデックス投資」から始めよう

このように、日本経済は「超長期上昇サイクル」に入っているので、日本市場で株を買わないのは実にもったいないと思います。

それと「新ＮＩＳＡ」をもっと活用してほしい。初心者は「積み立て」を選びがちですが、個別株への投資も検討すべきです。なぜなら、新ＮＩＳＡは非課税ですから、投資経験が豊富で銘柄選択に自信のある方は、５倍、10倍に化けそうな株を新ＮＩＳＡを通じて購入するのも面白いでしょう。新ＮＩＳＡのいいところは投資元本が１８００万円までなら、それがいくら値上がりしても課税対象にならないこと。これを有効活用しない手はありません。

これから化けそうな企業の株を狙うとして、大型株は爆発的に上がることはないでしょうから、ぜひ、中小型株を狙ってもらいたいと思っています。

というのも日本の上場企業は約3600社ありますが、そのうちアナリストがカバーしているのは1割もないのです。9割は誰も調べていない企業なのです。玉石混交ですが、中にはすさまじいポテンシャルを秘めた企業も存在しています。そういう企業を調べて購入すれば、短期間に何倍にも化ける可能性があります。

10年で4倍の差がつく資産形成の時代に、投資をしないのはあまりにもったいない。貯金を投資に回し、成果を上げることが重要です。

先ほど「現金・預金」と株では、大幅にリターンが違うことを話しました。株を持つと少なくとも年率で10%くらいの値上がり、リターンはあるでしょうから、年率10%で10年続けたら2・5倍くらいになるのです。

ですから、現金・預金だけ持っていてもまったく増えないけれど、長期にわたって株を持ち続けるのが、これからの賢い方法というものです。

これから先、仮に100万円預金していても元利合計で100万円とちょっと。しかし株式投資なら10年で2・5倍として250万円になります。こんなに財産に差がつくのです。給料で取り戻すことなど到底不可能です。いかに知恵によって財産を運用することが大事か。同じ40代のサラリーマンが60歳になったら、財産形成に5倍、10倍の差がつくことがあり得るのです。目先の上がり下がりを無視して、長期に持ち続けることが第一です。

では、具体的にどんな買い方をすればよいのか。余り自信がない方で相談できる人がいなければ、「日経平均TOPIXのインデックス投信」で良いでしょう。

預金を下ろし、銀行株を買おう

あるいは、経験を積んでいけば、単なるインデックスよりは少しレバレッジをかけたりするなどの工夫をして、値上がり益が大きくなるような仕組みを作ることもできます。

前述しましたが、おすすめなのは中小型株です。

もちろん、玉石混合なので選ぶのは大変です。そこで、自分では判断しきれない場合は、それら専門のファンドを買うといいと思います。リスクは高くなりますが、その分、ひょっとすると他のファンドの倍ぐらいのパフォーマンスが得られる可能性があります。

事実、中小型株ファンドで、良好なパフォーマンスをあげているところは少なくありません。大抵、名物ファンドマネージャーがいて、そういう信頼できる人の選ぶ銘柄を買って、しかもずっと売らずに長く保有しておくことです。すると、例えば全体が10％の上昇とした場合、仮に小型株で13％になるとしたら、10年で3・4倍になります。2・5倍と3・4倍、どちらを取るかは個人次第です。

また、リスクは高くなりますが、海外株という選択もあります。魅力的な会社が見つかれば、それもよいかもしれません。狙い目はやはりアメリカ、それと新興国の成長産業でしょう。

また、いま銀行に預けてある預金を下ろし、その銀行の株に投資するという方法をおすすめしたいと思います。株は本来、「自分が大切にしたい企業を応援する」ためのものなので、普段、付き合いがある銀行があれば、そこの株を買うのです。多くは短期で大きく動くものではありませんが、ほとんどは安定株なので長期保有していれば、それなりの値上がり益が期待できます。

しかも銀行株の配当は最低でも2％、高いものだと4％に達し、銀行預金とは比べものになりません。

「資金の安全性を考えて日本国債を」という人も少なくありません。でもいまは得策とは思えません。アメリカの場合には金融緩和で金利が下がる場面があり得るかもしれませんが、日本の金利は必ず上がってくるはずなので、日本国債を持っていると、長期的には損をします。金利の上昇は、国債の価格の下落につながるからです。いまは国債を買う時期ではないのです。

では、日本国債がダメなら海外債券ではと思うかもしれませんが、これもおすすめしません。「債権は金利もいいし安全」というのは幻想で、さらに為替リスクがあります。

金投資はおすすめできない

また「金がいい」という向きもありますが、私は、金を持つのだったらアメリカ株でいいと思っています。なぜかというと、金が必要なのは「不安」に備えるからであって、いまのアメリカは不安がないので、あえて金を持つ必要がないからです。

確かに、いまは金が上がっていますが、それは中国、ロシアなどがドルを持ちにくくなっているので、それの補完として金を買っているからです。つまり、金がいいから保有しているのではなく、ドルの決済システムから外されそうになっているので、ドルの代わりに金を持つというわけです。

したがって「ならずもの国家の金の保有」は、そう長くは続かないでしょう。そもそも、金というのは石の塊にしか過ぎません。単なる石なので、利息は産まない。合理的な投資対象ではないのです。

子供の教育資金など当座、必要なものは株ではなく、安全な預貯金に預けておく。仮に2000万円があって、子供の教育のために1000万円必要なら、これは預金で持っておく。それ以外に10年、20年はまったく使う必要がない資金なら、値上がりを期待して株で保有するのがベストだと思います。

私自身は、預金はほとんどありません。子供ももう大きいし、家もある。しかも私はプロの端くれなので、「一時的に下がっても長期では必ず上がる」と考えて、株の長期保有をしています。

いまだったら「日経平均225」を買うと思います。これは東証上場銘柄のうち、代表的な225銘柄をもとに日経新聞が計算した株価指数なので、ある程度信頼に値すると思います。

インデックスがいいところは、「株は勝ち組のゲームだから」です。生き残れない会社は、株のインデックスから外れていく。だから必然的に「勝ち組」の株を買うということになるのです。

つまり株というのは、案外に手堅い仕組みになっているもので、決して「投機」ではありません。むしろ、経済の実態そのものだということを、忘れないでいただきたいと思います。

武者陵司（むしゃ　りょうじ）
横浜国立大学卒業後、大和證券入社。企業調査アナリストとして繊維、建設、不動産、自動車、電機・エレクトロニクスを担当。大和総研アメリカで米国のマクロ・ミクロ市場を調査。大和総研企業調査第二部長、ドイツ証券調査部長、ドイツ証券副会長を経て、2009年武者リサーチを設立。
著書に、『アメリカ蘇生する資本主義』（東洋経済新報社 1993年）、『新帝国主義論』（東洋経済新報社 2007年）、『日本株大復活』（PHP研究所 2009年）、『「失われた20年」の終わり』（東洋経済新報社 2011年）、『超金融緩和の時代』（日本実業出版社 2013年）、『日本株「100年に1度」の波が来た！』（中経出版 2013年）、『結局、勝ち続けるアメリカ経済一人負けする中国経済』（講談社 2017年）、『史上最大のメガ景気がやってくる』（KADOKAWA 2018年）、『アフターコロナV字回復する世界経済』（ビジネス社 2020年）、『「安いニッポン」が日本を大復活させる！』（ワック 2022年）、『日経平均は4万円になる！』（宝島社 2022年）等がある。

日本株《にほんかぶ》の歴史的大相場《れきしてきおおそうば》が始《はじ》まった!
株価《かぶか》は年内《ねんない》5万円《まんえん》も、10年《ねん》で10万円《まんえん》へ!

2024年5月26日　初版発行

著　者　武者 陵司

発行者　鈴木 隆一

発行所　ワック株式会社
東京都千代田区五番町 4-5　五番町コスモビル　〒102-0076
電話　03-5226-7622
http://web-wac.co.jp/

印刷製本　大日本印刷株式会社

ISBN978-4-89831-899-7

好評既刊

新半導体戦争
平井宏治
半導体はもはや経済安保のカナメ。中国・韓国に独占されていた半導体市場は、米国、日本に。そして日の丸半導体の復活へ！
単行本（ソフトカバー） 定価1650円（10％税込）

髙橋洋一のファクトチェック 2024年版
髙橋洋一
B-394
大好評！YouTube動画「髙橋洋一チャンネル」痛快コラボ第二弾！ 財務省や日銀、岸田政権のカラクリを徹底的に暴く！
ワックBUNKO 定価1100円（10％税込）

藤井厳喜フォーキャスト2024
藤井厳喜
B-392
世界経済や国際政治の近未来のガイドブック。今後十年間どのようなことが起こるか、目からウロコの藤井厳喜流徹底予測！
ワックBUNKO 定価1100円（10％税込）

http://web-wac.co.jp/